悪の処世術

佐藤 優

JN066741

宝島SUGOI文庫

宝島社

はじめに

私が20世紀の独裁者の中で最も興味を持っているのが、アルバニアに君臨したエンベル・ホッジャである。

ホッジャは1941年にアルバニア共産党を創設、イタリア・ファシスト軍とナチス・ドイツ軍を相次いで撃退したのち、1944年に新生アルバニアの首相に就任すると、理想の共産主義国家の建設に邁進する。鉄の意志でマルクス・レーニン主義を貫き、スターリンの方法論に忠実であろうとしたホッジャは、そこからブレたと見るや、大国のソ連や中国と大げんかすることも躊躇しなかった。いかなる「修正主義者」たちの存在も許さず、かつての同志ですら抹殺し尽くした。アルバニアの人民の自由を徹底的に奪い、信仰心をも取り上げて、「世界初の無神論国家」をつくりあげた。事実上の鎖国状態を保ちながら平等を実現させて、決して人民を飢えさせることのない国を守り続けたのだ。

ホッジャの死後、アルバニアは少しずつ国を開いていった結果、外からさまざまな情報がアルバニア国内に入り込み、人々は雪崩を打って海外に亡命した。決して飢えることはない国から、人々は逃げ出したのである。アルバニアという国は内側から瓦解した。市場経済において国際競争力のある商品が何もなかったアルバニアはたちまち経済的にも破綻し、国内は大混乱に陥った。今や国際テロリズムや犯罪の温床となっている。

国民を飢えさせない。誰もが平等に生きられる社会をつくる——。そのためには、パンを10個も20個も独り占めするような自由を許さず、パンを等しく人々に分配しなければならないとホッジャは考えた。エンベル・ホッジャとは、ドストエフスキーの名著『カラマーゾフの兄弟』に登場する大審問官だったのである。そして、ホッジャが構築した楽園は崩壊した。

私たちは今、不安の時代を生きている。格差が広がり、国家の借金は膨らみ、未曾有の少子高齢化が進む。親の経済格差が子どもの教育格差を生み、非正規雇用が増えて雇用の不安定化が進む。

折しも、2020年初頭から新型コロナウイルス感染症（COVID-19）の嵐が世界を覆い、感染症防止の観点から人の動きが著しく制限され、グローバリゼーションに歯止めがかかり、国家機能が強化された。コロナ対策に関して言えば、中国のような権威主義的国家のほうが効率的対策を採ることができたと言えるだろう。また２０２２年２月24日にロシアがウクライナを侵攻し、始まった戦争に関しても、西側連合による徹底した経済封鎖にもかかわらず、開戦から１年８カ月を経た現在でもロシアは持ちこたえている。ＧＤＰから見れば米国の10分１以下のロシアが、軍事的にも米国を中心とする西側連合が全面支援するウクライナよりも優位にある。統制的な国家のほうがもしかすると民主主義国より強靱なのかもしれない。

私たちの社会が繰り返し乗り越えようとして乗り越えられずにいる壁、民主主義システムの綻びが大きくなり始めた今、20世紀の妖怪たちが息を吹き返そうとしている。独裁への誘惑が強まりつつあることに警戒が必要だ。

独裁者の求心力は、個人から生まれるのではない。個人の求心力を都合よく利用する集団と、その求心力に巻き込まれてしまいたいと熱望する人々が、独裁者をつくり出すのである。

誰もが自由を享受しながら等しく幸せになれる社会を、私たちはいまだに実現できていない。自由を貫けば社会不安のリスクが高まり格差が進む。平等を追求すれば、社会不安は軽減されるが自由が抑制される。自由と平等をいかに両立させることができるのか。

名だたる独裁者たちの手腕をひもときながら、本書で繰り返し立てた問いである。本書がその答えを見出す一助になれば幸いである。

2023年10月　　佐藤　優

目次

第二章 習 近平

圧倒的な権力と恐怖支配

第三章　ドナルド・トランプ

第四章　金 正恩

第五章　バッシャール・アル・アサド　〝したたかな独裁者〟のリアリズム

第六章　エンベル・ホッジャ
アルバニアに君臨した〝史上最強〟の独裁者

第七章　アドルフ・ヒトラー

誰も真似できない「ニヒリズム独裁」

第八章　毛沢東

「神話」を生み出すプラグマティズム

第九章　ヨシフ・スターリン

実直な職業革命家の「理想の世界」

第十章　カダフィ大佐

新しい国づくりと自滅の末路

第十一章　金日成
「愛」を実践しようとした建国の父

本文中一部敬称略

第一章

ウラジーミル・プーチン

「ロシアの皇帝」が貫く義理人情

鉄の仮面を被った男、冷血無情の独裁者のごときイメージで語られるロシア連邦大統領、ウラジーミル・プーチン。超大国の米国やEUを相手にした外交の駆け引きでも、ありとあらゆる悪知恵を駆使して立ち向かう。政敵をあらゆる手段を用いて叩き潰す。これが日本で一般的なプーチンのイメージだ。

とくに2022年2月24日にロシアがウクライナに侵攻してからは、核戦争や第三次世界大戦を起こしてでも自らの野望を実現しようとする危険な独裁者とみられている。

一方、私の目から見たプーチンの人間性は、やや異なる。

彼は1日24時間、ロシアの国益のことだけを考えている。自分がどのように見られるかということに頓着しない。ロシアの国益を損なう存在であれば殺すことも躊躇《ちゅうちょ》しないという徹底した愛国者である。

さらに彼は、人情家でもある。彼は「友達」を大切にする。彼にとって「友達」という言葉はきわめて重たい。「友達」を決して裏切らないという鉄の意志がプーチンにはある。

孤高の独裁者を生み出したのは、まさにその鉄の意志だった。これについては、あとで詳述する。

「死神」と呼ばれた男

私はプーチンを間近で見たことが4回ある。

初めて彼を至近距離で見たのは1999年初めのことだ。当時、私は月に二度ほどモスクワに出張していた。定宿にしていたのはソ連崩壊後にロシア大統領総務局の直営ホテルになっていた「プレジデント・ホテル」だ。ここは準迎賓館として用いられており、通常の観光客や出張者は使わない。大統領府のパーティが行われることも多く、偶然を装って人脈をつくるのに便利な場所だった。

1999年初めの寒い夜、市内での会食を終えた私は、若手書記官とともにホテルに戻ってきた。1階ロビーのソファに座って書記官と話していると、青い緊急灯を点滅させた濃紺色のBMWに続いて、ロシア製中型車のヴォルガがホテルの前に停まった。政府高官の公用車だ。ロシアでは緊急灯は、赤ではなく青だ（ちなみに郵便ポストも青）。

そこから降りてきたのはロシア人にしては小柄で引き締まった体つきの男だった。警護官とともに、ソファに座っている私たちの目の前を通り過ぎていく。目立たない佇まいの男だった。しかし、彼が目の前を通り過ぎるとき、私は「殺気」を感じ取った。まったく目立たないにもかかわらず、である。その時に気づいた。

目立たないのではなく、目立たないように行動する訓練を受けている男なのだ、と。

「死神です。変なのとすれ違ってしまった」と、一緒にいた書記官がつぶやいた。

彼こそが、当時のFSB（連邦保安庁）長官、ウラジーミル・プーチンその人だった。「最近、クレムリンで影響力を急速に拡大している人物です」と書記官が教えてくれた。

KGB「第1総局」出身のエリート

プーチンは旧KGB（ソ連国家保安委員会）の出身である。KGBには第1総局と第2総局があり、プーチンは第1総局の出身だった。米国でいうならば第1総局はCIA（中央情報局）に、第2総局はFBI（連邦捜査局）に相当する。ソ連では、形式的にKGBという同一機関を構成していたが、この第1総局と第2総局の仲は悪く、互いの組織の間での人事異動もほとんど行われていなかった（実を言うと、プーチンは第2総局から第1総局に異動した稀な例である）。

それは、第1総局と第2総局の活動内容から考えれば、無理もないことだった。

第1総局は、海外でのスパイ活動が主な任務の、外国語に堪能なエリート集団である。しかし、外国人との接触が多いため、第1総局から西側に寝返る機関員もいた。そこで、第1総局員とその友人や家族の行動を監視するのが、国内の反体制派の監視やスパイ摘発を担う第2総局の役目であった。

自分や仲間が監視されることを快く思う人間はいない。当然のことながら、第1総局と第2総局の仲は非常に悪かった。悪いどころか、常に緊張関係にあったというほうが正確だ。

ちなみに、エリツィン元大統領は第2総局を非常に嫌っていた。1987年、彼がソ連共産党内の保守派勢力との権力闘争に敗れた時、第2総局からの執拗な監視と嫌がらせに遭っていたからだという。

そのため、1991年にロシア連邦の大統領に就任すると、エリツィンはまずKGBの解体に着手する。そして、第1総局はSVR（対外諜報庁）となって組織がそのまま温存されたのに対し、第2総局のほうはMB（保安省）、FSK（連邦防諜庁）、FSB（連邦保安庁）といった変遷を余儀なくされた。そこには、機構改革を重ねることで旧第2総局の力を削いでいこうとするエリツィンの思惑が働いていた。FSB内では課長級以上の人事異動も頻繁に行われ、腰を据えて仕事ができないような状況に陥っていた。

それにより、何が起きたのか。

「もはや秘密警察は恐れるに足らず」という印象が広まり、オリガルヒヤ（寡占資本家）やチェチェン分離主義者などが跋扈《ばっこ》するようになっていったのだ。

プーチンがＦＳＢ長官に就任した１９９８年というのは、１９９６年に第一次チェチェン戦争が終結し、北コーカサス地方がクレムリンの統制力の及ばない無法地帯となっていた頃である。そのため、イスラム原理主義過激派の多い中東のチェチェン人が、革命のための拠点国家を建設しようと北コーカサスに入り込み、動きを活発化させており、モスクワの中央政府は頭を痛めていた。

そこでプーチンは、中東からのチェチェン人と北コーカサス土着のチェチェン人の間にくさびを打ち込むことを画策する。中東からのチェチェン人の「みな殺し」作戦を展開しようとしていたのである。

私がモスクワのホテルで彼を初めて見かけたのは、ちょうどその頃であった。気配を消しつつも彼の身辺から漂っていた凄まじい殺気の理由を垣間見た気がした。

彼が独裁者として頂点に君臨するのは、それから間もなくのことである。

相手の弱みを見逃さない

1999年、第二次チェチェン戦争が勃発した。それとほぼ時を同じくして、エリツィン大統領から首相代行の指名を受けたプーチンは、ステパーシン首相の退陣によりロシア連邦の首相の座に就く。プーチンはすぐさまチェチェン空爆を開始した。

間もなく引退を宣言したエリツィンから大統領代行に指名され、翌2000年に大統領に就任。権力の階段を凄まじい勢いで駆け上ったプーチンは、泥沼化しかねないチェチェン戦争をロシアに有利に展開させるべく采配を振るった。先述のとおり、中東系チェチェン人と土着のチェチェン人の間に、最も効果的な方法でくさびを打ち込んだのである。

当時、中東系チェチェン人と北コーカサスのチェチェン人の間では激しい内ゲバが始まっていた。北コーカサスのチェチェン人が求めていたのはロシアから分離独立したチェチェン民族による独立国家の建設である。一方の中東系過激派のチェチェン人はイスラム世界革命の拠点づくりを目論んでいた。当然、方針の違いによる衝突は避けられず、ついには殺し合いにまで発展していたのだ。

兵力の差は歴然としていた。アルカイダの支援を受ける中東系チェチェン人たちの圧倒的な強さの前に、北コーカサスのチェチェン人はこのままでは自分たちが根絶やしにされるのではないかという危機感を抱くに至る。プーチンがそこを見逃すはずはなかった。

「チェチェンがロシアの一部だと認めるのであれば、モスクワの中央政府はチェチェン内部の問題に口出しはしない。復興のための資金も用意しよう」と北コーカサスのチェチェン人に持ちかけた。

存亡の危機に直面していた彼らに、もはや選択の余地はなかった。とはいえ、当初はプーチンが本当に約束を果たすかどうか、半信半疑だったはずだ。しかしプーチンはその約束を守った。ロシア軍、FSB、そして土着のチェチェン人が連携して、中東のチェチェン人を追い出し北コーカサスの地を守ったのである。

相手の弱みを見逃さず、効果的なタイミングで条件を提示し手を差し伸べる。その手を掴んできた相手を振りほどくことはしない。かつてロシアと戦っていた独立派幹部からあえて権力者を擁立し、チェチェン政府を手なずけることに成功したプーチン。チェチェン政府は見事プーチンの術中にはまったというべきであろう。

国益のためなら「悪人」にもなる

いまだ内戦状態が続くシリアにおいて、アサド政権の最大の後ろ盾として存在感を示すロシアだが、その距離感は決して単純ではない。非人道的な化学兵器の使用も明らかになり、国際社会から非難の的となったアサド政権の後ろ盾となるリスク。ロシアの国益を擁護するためには悪人となることも躊躇しないプーチンならではの采配がそこにある。

シリアを含む中東にはイスラム原理主義過激派のチェチェン人が100万人以上住んでいる。チェチェン戦争の際にも、多くの中東系過激派チェチェン人が「ジハード」に馳せ参じたのは先述のとおりである。

つまり、アサド政権が崩壊しシリアが無法地帯になれば、イスラム原理主義過激派たちの動きが活発化することは必至であり、ロシアは再び新たな火種を内部に抱え込むことになる。アサド政権崩壊による自国への飛び火という最悪のシナリオを回避するために、アサド政権を消極的に支持しているにすぎないのだ。

実際、一時期、シリアの状況は混迷を極めた。シリア国内のクルド人武装勢力への越境攻撃に踏み切ったトルコと、クルド人武装勢力への支援を通して「イスラム国」掃討を進めたいアメリカ。2015年にはシリアとトルコの国境付近でロシア空軍戦闘機がトルコ軍に撃墜されるという緊迫の事態も発生したが、最終的に、プーチンはトルコのエルドアン大統領との停戦合意にこぎつけ、2020年にはシリア北西部で合同パトロールを実施するまでに至る。トランプ政権下で費用削減のために駐留米軍の規模縮小に舵を切ったアメリカとは対照的である。

対岸の火事では済まないロシアの複雑な中東事情とプーチン外交のギリギリの駆け引きを、アメリカが十分に理解していたとは思えない。リスクを回避するためならば、なりふり構わず敵の敵を利用するしたたかさ。その鉄仮面の下の顔をうかがい知ることは難しい。

ウクライナ紛争の真相

アサド政権との複雑な関わりと同様、民主主義を標榜する大国・アメリカが鉄仮面プーチンの本質を理解できていないと思う事柄のひとつにウクライナ問題がある。

2022年2月24日にロシアがウクライナに侵攻した後は、この問題は民主主義（ウクライナと西側連合）と専制主義（ロシア）の非和解的対立を示す典型的な事例とみられるようになった。この問題が深刻になったのは2014年からだ。

2014年3月、プーチンがウクライナの領土であるクリミア半島を国籍不明の自警団（実態はロシア軍である）を用いてロシアにいきなり併合するという国連憲章違反の出来事に、国際社会は仰天した。

しかし一方で、圧倒的多数のクリミア住民が、ロシアへの編入を希望していたという事実を忘れてはいけない。

同年2月の政変を経て誕生したウクライナの新政権は、民族至上主義をとっていた。東部や南部のクリミアにはロシア系住民が多く、新政権の誕生により、差別的な政策の脅威が現実となりつつあった。

結果、プーチンは「ロシア系住民の保護」を掲げてクリミアを併合する。日本は、当然アメリカやEUと足並みを揃えてロシアを非難したが、日本の対ロシア制裁は形式的なものにとどまった。客観的に見て、ウクライナ東部ドネツク州で空港占拠した反政府系住民を「テロリスト」呼ばわりし空爆したウクライナも明らかにやりすぎである。

「ロシア連邦への加入」の是非を問う住民投票をクリミアに実施させるという段取りのよさで併合を「正当化」し国際社会を敵に回したプーチンだが、一方、ロシア国内での支持率は急上昇した。

独りよがりの正義を押し付けてくるアメリカを相手に一歩も譲らず、ありとあらゆる悪知恵を駆使して立ち向かうプーチンを「ロシアの名誉と尊厳のために、命がけで頑張っている」と多くのロシア国民が賞賛したのだ。

2014年7月、ウクライナ上空で民間のマレーシア航空機が撃墜された時のプーチンは巧みな時間稼ぎをした。「地対空ミサイルはどこから飛んできたのか」「どこが関与していたのか」をめぐり、ウクライナとロシアが火花を散らした。

結論としては、ウクライナ東部ドネツク州の親ロシア派武装勢力が戦闘機と勘違いして撃墜したとされているが、武装勢力への関与を問われたプーチンは「ウクライナ東部での軍事行動が再発していなければ、この悲劇はおそらく起きなかっただろう」と強弁したのだ。

ウクライナ政府がドネツク州への空爆など行わなければ武装勢力も民間機を誤爆することもなかったのであるから、ウクライナ政府にこそ責任があるという、やや強引な主張である。当然、アメリカもEUも追加の経済制裁に踏み切った。

その後も、ウクライナ軍によるドネツク州、ルガンスク州に対する攻撃は続き、紛争は激化の一途を辿った。ウクライナのゼレンスキー大統領はロシアと合意した停戦協定「ミンスク2」を事実上、反故にした。プーチンは軍事的に問題を解決するしかないと腹を括り、2022年2月24日にウクライナに侵攻。ウクライナ東部に住むロシア系住民への愛が戦争という形をとったのだ。

ロシアへの愛に魂を捧げたプーチンに怖いものはないのである。

恩人を決して裏切らない

鉄仮面のプーチンだが、しかし、その仮面の内側には「人情家」という意外な一面を抱え持っている。そして、その意外性こそが彼が権力の階段を駆け上る切符となった。

そもそも、彼はなぜ、ロシア連邦初代大統領エリツィンから絶大な信頼を得るまでになったのか。

私が、ロシアのある大富豪から「エリツィンは後継者をFSB長官のプーチンにするつもりらしい」と聞いたのは、1999年春だった。当時のロシアでは、8人のオリガルヒヤ（寡占資本家）がGDPの3割を持っているといわれていた。クレムリンも彼らの意見を無視はできないのだ。

この大富豪は私を日本政府の窓口にしていたので、私は彼の事務所に足を運ぶことがよくあった。日本の政治情勢などについて一通り話したあと、彼にエリツィンの後継者について尋ねてみたところ、大富豪から出てきた名前が意外なことにKGB出身のプーチンであった。

「プーチンはエリツィンに何度も、ソプチャーク（元サンクトペテルブルグ市長）との関係を断てば登用すると打診されていたが、それを断っているんだ。そのことで、かえってエリツィンは彼を信用するようになった」

ソプチャークという人物が何者かを知るためには、若かりし頃のプーチンについて触れておかなければならない。

KGB第1総局所属時、旧東ドイツのドレスデンで働いていたプーチンは、ベルリンの壁が崩壊し東西ドイツが統一するや、社会主義体制に未来がないことを見抜いてKGBの予備役となる。1990年に故郷のレニングラード（現サンクトペテルブルグ）へ戻り、母校のレニングラード国立大学の学長補佐の職を得た。当時の学長が、改革派知識人のソプチャークだった。そこでプーチンは腹を据えてKGBを退職する。

1991年6月にソプチャークがレニングラード市長選挙で当選を果たすと、プーチンも市役所に移り副市長となってソプチャークを支えたが、当時、プーチンの不適切な財産管理によって市の財政に巨額の損失がもたらされたという批判が議会で巻き起こる。プーチンに訴追の危険が迫ったが、この時に身を挺してプーチンをかばい、事件化されることを防いだのが市長のソプチャークだった。以来、プーチンはソプチャークに忠誠を誓う。

1996年のサンクトペテルブルグ市長選挙でソプチャークは再選を目指すも落選する。ソプチャークを破って当選を果たしたヤコブレフは、副市長のひとりとしてソプチャークを支えてきたプーチンの同僚だった。引き続き副市長としてともに働いてほしいと慰留されたが、プーチンはソプチャークを破った人間の下では働きたくないと拒否し、モスクワへ転居する。大統領総務局で働くようになり、エリツィンと面識を得るようになった。

ソプチャークはゴルバチョフに近い人脈に属する人であり、エリツィンとは緊張関係にあった。黙々と忠実に仕事をこなすプーチンを好ましく思ったエリツィンは、たびたびプーチンに声をかける。

「ソプチャークと絶交するならば、大統領府高官か閣僚に登用してやる」

プーチンはそのたびに断った。

「ソプチャークは私の恩人で友達です。友達との関係を断つことはできません」

決して「友達」を裏切らないプーチンという男は、エリツィンの目に好ましく映ったに違いない。

特権乱用や不正蓄財の疑惑のあったエリツィン一族。政争の過程で流された血も少なくない。それらの追及を最も恐れていたエリツィンにとって、決して裏切らない忠誠心こそ、後継者に求める資質であった。

大富豪は私に言った。

「いまやまったく力がなくなったソプチャークにあれだけ義理立てするプーチンの姿に、エリツィンと彼の家族は『こいつを後継に据えれば、われわれを裏切ることは絶対にない』という感触を持つに至ったんだ」

鉄仮面の下に、そんな人情家としての一面があったことによって、プーチンはロシアのトップに君臨したのである。

鈴木宗男との絆

プーチンが人情家であると書いたが、だからといって彼が情緒によって動く人間であると考えるのは早計である。

プーチンは柔道を愛好しているし、佐竹敬久《のりひさ》・秋田県知事から贈られた秋田犬の「ゆめ」をかわいがっているからといって、親日家だと思うのは間違いである。プーチンの関心事項はロシアの国益だけである。日本がロシアにとって役に立つならば利用するし、日本の政策がロシアの国益を損なうと思えば日本を潰しにかかるだろう。

逆に言えば、日本との戦略的提携が国益にかなうと思えば、北方領土についても譲歩する用意があるということだ。

さらに、日本との戦略的提携の可能性をプーチンが決して手放さないのは、彼が最初に出会った日本の政治家が鈴木宗男だったということとも関係していると思う。KGBで訓練を受けてきたプーチンは感情を表に出すことはほとんどない。しかし、この人は、という相手には、ふとした瞬間にその感情をあらわにする。

2000年の年明け、前年の大晦日に辞任したエリツィンにより大統領代行に指名されたプーチンが、次期大統領としてほぼ間違いないと目されていた。この状況を受けて、日本政府は水面下で「小渕恵三総理の特使として『意中の人』をモスクワに送り、プーチンと接触したい」というメッセージをクレムリンに送っていた。プーチンに「対露関係を日本は重要視している」というメッセージを伝えるとともに、次期大統領の人相見をその特使にさせようとしたのである。この時、総理官邸・外務省とクレムリンの連絡係を務めていたのが私だった。

小渕は特使となる「意中の人物」が誰なのか最初は黙して語らなかったが、それが鈴木宗男であることは明らかだった。3月26日の大統領選挙を直前に控えた2月、クレムリンから裏ルートを通じて、私のところに「選挙前に会うことは不可能だが、第1回投票でプーチンが当選したならば、5月に正式に大統領に就任する前に特使との会談を実現できるかもしれない」というメッセージが届いた。小渕は鈴木宗男を特使に指名し親書を持たせた。この親書には、ゴールデンウィークに首相が訪露してプーチンに会いたいという旨が書かれていた。

しかし、それから間もなく異変が起きる。ご存じのとおり、4月2日に小渕首相が倒れ再起不能になったのだ。丹波實駐ロシア大使をはじめとする外務官僚は、小首相訪露の提案は白紙に戻すことを主張した。しかし鈴木は、森喜朗幹事長が小渕総理の後継に内定しているのだから、森訪露の日程を組めばよいと考えた。これに対し、「森さんが国会で正式に総理に就任してからでなければ外交日程は組めない」と丹波大使は反対した。私が「これは政治判断の話だから、外務省の事務方がとやかく言うべきことじゃない」と言うと、丹波大使にじろりと冷たい目を向けられた。

大使公邸でこうしたやりとりをしていると、公邸の台所に鈴木あてに電話がかかってきた。つなぐと、相手は森幹事長だった。

「森・プーチン会談の日程をぜひ取り付けてほしい」という。それを聞いた丹波大使は「私も実はそれがいいと心の中で思っていました」とコロリと意見を変えた。「官僚は要領をもってその本分とすべし」という彼のモットーがよく現れていた。

私が見たプーチンの涙

森幹事長の意向を受けて、鈴木は急遽《きゅうきょ》、森訪露に向けた外交調整へと舵《かじ》を切った。クレムリンの大統領執務室に鈴木宗男が案内された時、私も末席に連なった。

白い大きな楕円形のテーブル中央に、鈴木が座った。1年半前の1998年11月12日に小渕総理が座った席である。私は左奥の最末席に腰掛けた。

鈴木は次期総理が幹事長の森喜朗であることを伝えると同時に、森の父親が日露友好に貢献した人物で、その遺骨がイルクーツク郊外のシェレホフ市にも分骨されていることを明かした。その上で、4月29日前後にサンクトペテルブルグで非公式首脳会談を行うことを提案した。

プーチンは手帳を取り出して確認すると「その日には別の予定を入れてしまったが、調整して会談する」と答えた。私は「変だな」と思った。4月29日前後には、サンクトペテルブルグで小渕・プーチン会談を行うことについて、裏ルートではすでに日程を確保していたはずだからだ。なぜ別の予定が入っているのか。

ふと見ると、丹波大使が苦虫を噛み潰したような顔をしている。ようやく状況が読めた。丹波は小渕が再起不能であるという情報を得ると、首相官邸や自民党本部の了承を得ずに「4月29日の小渕・プーチン会談はなくなった」とロシア外務省に伝えてしまっていたのだ。このフライングが露見することを恐れ、鈴木が森・プーチン会談として仕切り直すことを邪魔しようとしたのだ。姑息な外務官僚がやりそうなことである。

プーチンとの会談の席で、鈴木は小渕総理の魂が乗り移ったかのように日露外交のために言葉を尽くしていた。

「この席に小渕さんが座っているように思う」とプーチンが言ったとたん、鈴木の目から涙があふれた。プーチンはしばらくそんな鈴木の様子を見つめていたが、やがてプーチンの瞳からも涙がこぼれ落ちたのである。この席で、森・プーチン会談の日程が決まったことが、その後の北方領土交渉を肯定的に切り開いていくことにつながった。これが政治の力である。

会談が終了し、退室しようとする鈴木にプーチンが声をかけた。

「できればのお願いなのだが」と前置きし、ロシア正教会のアレクシイII世総主教（最高指導者）訪日の際に天皇陛下に謁見できるように働きかけをしてもらえないか、と言う。

「もしも迷惑にならなければ」とプーチンは付け加えた。

鈴木は「全力を尽くす」と約束し、実際にその謁見を実現させた。

プーチンは信頼する相手にしか「お願い」はしない。しかも、無理難題を押し通すのではなく、あくまでも「迷惑にならなければ」という態度で依頼する。

具体的な人間関係を通じて相手の民族や国家を見極め、時に鉄仮面の下に感情をさらけ出し、人の心にぐっと入り込んでくる。

独裁者の多くは、人の心を掴む術に長けている。一方で、自身の地位を盤石なものとするために、敵と見定めた相手には容赦しないのである。

プリゴジン事件の真相

その典型的な例が、民間軍事会社「ワグネル」の創立者エフゲニー・プリゴジンによる反乱に対するプーチンの対応だ。この事件については日本のマスコミの報道は実態からかなり乖離しているので、筆者が独自に入手した情報を中心に詳しく説明したい。

2023年6月23日夜（現地時間、日本時間24日未明）にロシアの民間軍事会社ワグネルの創立者エフゲニー・プリゴジンが反乱を起こしたが、1日で収束した。

ロシアで大統領絡みの事件が起きたときの分析方法には定石がある。

第一に、大統領が発言したことを正確に把握する。演説の場合、日本語に全訳する。

第二に、権力の中枢に刺さっている人物から直接、話を聞く。筆者の場合、いつでも電話できる友人がモスクワに何人かいる。これらの友人とは、嘘やミスリードなことを言わないという信頼関係が30年以上かけて構築されている。友人の何人かは、プーチン政権中枢の動静を知ることができる。

第三に、モスクワの友人から直接聞いた話をそのまますべて明らかにすると相手に迷惑をかける危険があるので、この人たちが公の場で発信した内容（通信アプリ「テレグラム」を用いることが多い）を原稿にする際には用いる。

こういう手法で分析すれば、基本的方向性を間違えることはない。

プーチン大統領に関しては、24日午前10時（モスクワ時間、日本時間同日午後4時）から「ロシア国民への呼びかけ」を行った。そこでプーチンは〈われわれが直面しているのは、まさに裏切りである。度の超えた野心と個人的利益が反逆につながった。祖国、国民、そしてワグネルの戦士や指揮官たちが他の部隊とともに戦い、死んでいった大義に対する裏切りだ〉（6月24日ロシア大統領府HP）と述べた。ここでプーチンがプリゴジンの中立化（殺害、逮捕、国外追放など、いずれの形態であっても敵対行動をやめさせること）を決めたことが明らかになった。

ロシアで大きな事件が起きると筆者はまずモスクワ国立大学哲学部科学的無神論学科の同級生で親友のアレクサンドル・カザコフ氏の意見を聞く。現在は政治評論家として執筆やテレビ出演で忙しくしている。また国政与党「公正ロシア」の幹部会員（非議員）で、政治の深い世界についてよく知っている。ウクライナ戦争について筆者とカザコフ氏の立場は異なるが、嘘をついたりミスリードするようなことを言ったりしない信頼関係は二人の間で確立している。25日午前0時（日本時間、モスクワ時間24日午後6時）から30分ほど、通信アプリ「テレグラム」

で話をしたので、興味深い部分を紹介する。

カザコフ氏との会話

佐藤　プーチン大統領は本件をどう認識しているか。

カザコフ　プーチンの口癖は「裏切り者だけは絶対に許さない」だ。プーチンが公の発言で裏切り者に言及することは珍しい。余程、腹を立てているのだろう。またプーチンは「ワグネル」という固有名詞は用いるが、エフゲニー・プリゴジンという名を国民への呼びかけで一度も口にしなかった。存在を認めない人間についてプーチンは固有名詞を口にしない傾向がある。プーチンを本気で怒らせたので、プリゴジンは逮捕されるか殲滅されるであろう。

佐藤　プリゴジンが決起した動機は何か。プーチンが自分の要求を受け入れる可能性があると思ったのか。

カザコフ　そういう幻想は持たなかったと思う。「ワグネル」を用いることで権力を奪取できると考えたのだろう。

佐藤　西側でプリゴジンを支援する勢力があるか。

カザコフ　プリゴジンと西側の関係はわからない。国内では支持する勢力がある。

トゥーラ州のデューミン知事はプリゴジンと良好な関係だ。プーチンとしては、「ワグネル」をトゥーラに行かせないようにする。

佐藤　「ワグネル」とロシア軍の衝突が起きるか。

カザコフ　起きる可能性がある。その場合、正規軍と「ワグネル」が戦うことになろう。

佐藤　「ワグネル」の戦闘員が投降する可能性があるか。

カザコフ　十分ある。「ワグネル」の戦闘員は現時点で2万人から2万5000人とみられるが、大部分はロシア当局に帰順すると思う。

佐藤　プリゴジンの件がプーチン大統領の権力基盤を弱める可能性があるか。

カザコフ　その可能性はない。「ワグネル」はロシア社会に確固たる基盤を持っていない。国民はプリゴジンを支持しない。

佐藤　日本としてできることは何か。

カザコフ　本件は筋が悪いので日本政府は一切発言しないほうがいい。事態の分析に力を入れることを勧める。

クーデター情報を事前につかんでいた可能性

カザコフ氏は、その後、通信アプリ「テレグラム」に事件の構造を解説する投稿をした。

プリゴジンの反乱（ロシア人政治学者の見方）
2023年6月25日の通信アプリ「テレグラム」への投稿
情報源：アレクサンドル・カザコフ（政治学者、与党「公正ロシア」幹部会員〔非議員〕）

1．本件は未遂に終わった軍事クーデターである。ウクライナ国防軍の一部の（少なくともいくつかの実際の）成功を背景に、事前に計画された。実際にはもう少し後で行われる予定だった。

2．おそらく金曜日（6月24日）の夜、プリゴジンは信頼できる情報源から、（軍の信用を失墜させる記事を理由に）彼を拘束するか、抹殺するかのどちらかを決定したという情報を得たのだろう。そして、プリゴジンは一計を案じた。

3．陰謀の一環として、モスクワにいるプリゴジンの〝パートナー〟は、プリゴジンの隊列を組織し、軍事クーデターすなわち、プーチン大統領の解任、シヨイグ国防相とゲラシモフ参謀総長の逮捕を実現するつもりだった。

4. しかし、何かが違ってしまった。第一に、出鼻をくじかれた。第二に（これは私の考えだが）、プーチンがクーデターの情報を事前に入手し、モスクワの陰謀家であるプリゴジンの仲間たちの関係先を捜索した可能性が高い。

5. その結果、最高司令官（プーチン）への忠誠を最初に公に表明したのはモスクワの陰謀家たちだった。

6. プリゴシンは、モスクワに向かうときにクーデターが失敗したことをすでに知っており、自分にとってより有利な条件を交渉しようとしただけだった。せめて命だけでも、せいぜいどこか遠い国で新たな契約を結ぼうとしたのだ。

7. クーデターの陰謀を時間内に明らかにし、最高司令官に警告を発し、彼に作戦を練る時間を与えた特務機関の働きのおかげで、クーデターは回避された。今回は阻止された。

8. モスクワの陰謀家たちは、また同じことを繰り返すのだろうか？　すると思う。最高司令官が一両日中に（月曜日までは休日だ）、彼らを政治の場から排除しなければ再び事を起こす。

9. プリゴジンの誤算のおかげで、プーチンはおそらく意図したよりも早く「第

2の国内戦線」を開かなければならなくなるだろう。

プーチンとショイグ国防相の本当の関係

また、プーチン大統領とショイグ国防相の関係について、カザコフ氏はこう見ている。

プーチン大統領とショイグ国防相の関係（ロシア人政治学者の見方）

2023年6月25日の通信アプリ「テレグラム」への投稿

情報源：アレクサンドル・カザコフ（政治学者、与党「公正ロシア」幹部会員［非議員］）

1．なぜ最高司令官（プーチン大統領）はショイグ国防相を解任しないのか？答えは簡単で、プーチンはショイグがいざというときに自分を裏切らず、背後から攻撃したりしないと確信しているからだ。

2．戦時下において、このことには大きな価値がある。戦時下において、政治権力者と軍事権力者の関係が常に緊迫していることは歴史的にも明らかである。その理由は明白だ。軍事的論理が政治的論理と異なるからだ。例えば、（第二次世界大戦中の）スターリンとジューコフの難しい関係を思い出してほしい。他の国でもそのような例はたくさんある。

3．軍の反乱未遂事件は、プーチンのショイグに対する立場を確認するのに役立っただけだ。われわれは、プリゴジンが様々なレベルの軍幹部や司令官たちに、彼の「モスクワ進軍」を支持するよう働きかけようとしたことを知っている。そしてプリゴジンは何も得ることができなかった。

第二次世界大戦中のスターリン首相とジューコフ元帥との類比で、プーチンとショイグの関係を理解するのは説得力のあるアプローチだ。

プリゴジンの反乱が収束した直後のテレビ番組（生放送）に出演して、カザコフ氏は自らの見立てが正しかったことを強調した。

プリゴジンの反乱（ロシア人政治学者の見方）

情報源：アレクサンドル・カザコフ（政治学者、与党「公正ロシア」幹部会員［非議員］）

2023年6月26日14：00～16：00（モスクワ時間、日本時間同日20：00～22：

00）独立テレビ「出会いの場」より

ノルキン（司会者）　アレクサンドル・カザコフによれば、土曜日の〝モスクワへの行進〟がすぐに終わった要因のひとつは、ロシア人が彼を支持しなかったことだという。

アレクサンドル・カザコフ（政治学者）　プリゴジンと彼の同志たちは、モスクワで要人たちが彼を待っていると確信していた。土曜日に要人たちが入れ替わり立ち替わり出演し、テレビリレーが行われていたことを思い出して欲しい。テレビでも、通信アプリ「テレグラム」でも、どこでも10分から15分おきに要人が出てきて、国と大統領への忠誠を宣言した。私は、プリゴジンもこの番組を見ていたと確信している。そしてプリゴジンは、大統領に忠誠を表明し始めた要人の中に、自分を待っていると思われる人々がいるのを見た。そしてプリゴジンは、彼らが自分を待っていないことに気づいた！　要人たちは銃と戦車を持って彼を待っていたのだ！

ソ連のトラウマを背負った民間軍事会社

プリゴジンの反乱をプーチンはテロ対策と位置づけた。そうなると主管官庁は、国防省ではなく内務省（国内軍）になる。ＦＳＢ（ロシア連邦保安庁）特殊部隊も協力している。筆者の推定になるが、プーチンの正規軍に対する指示は「一切動くな」で、内務省とＦＳＢに対する指示は「敵が攻撃してきても最高司令官（プーチン）が許可するまでは、絶対に反撃するな」だ。内乱を避け、情報心理戦によって、プリゴジンの周辺の人々を引き離す作業を優先したのだ。ヘリコプターが撃墜されてもロシア軍が反撃しなかった事実自体が軍（正規軍だけでなく、内務省国内軍、ＦＳＢ特殊部隊、非常事態省などを含む「力の省庁」）に対する統率に揺るぎないことを示すものだ。米国のインテリジェンスのプロたちもそのことがわかっているので、プリゴジンの反乱を国内問題であると位置づけ、ロシアの外交ルートで通報したのだ。

むしろ一連の事態で傭兵部隊をＧＲＵ（ロシア連邦軍参謀本部情報総局）に組み込むことで、プーチン体制の強権化が一層進むことが懸念される。なおロシアの民間軍事会社再編問題については以下の情報が興味深い。

ロシアの民間軍事会社（ロシア人政治学者の見方）

２０２３年６月26日、通信アプリ「テレグラム」への投稿情報源：イリーナ・アルクスニス（政治学者イリーナは1990年代後半から2000年代前半はヤヴリンスキー・グループに属する改革派系政治学者だったが、現在はプーチン大統領を支持する立場を鮮明にしている。主に新聞、雑誌、通信社を活動の場としている。イリーナの父親のヴィクトル・アルクスニスは、ソ連時代末期にソ連人民代議員［国会議員］を務め、反共的だがソ連維持を強力に主張した「黒い大佐」。2000年から2007年までロシア国家院［下院］議員を務めた）

1．そもそもロシアはなぜ民間軍事会社を創設したのか？　ワグネルはロシア唯一の民間軍事会社ではなく、最も宣伝が行き届いている民間軍事会社に過ぎない。

2．（1）事実として、モスクワには選択の余地がなかった。政治的・軍事的な問題を解決するためには、他に手段がなかったのだ。

（2）例えば、クリミア統合の後でも、ロシアは野心をあまり表に出さず、「みんな、一緒に暮らそうよ」というスタイルで西側と会話をした。民間軍事会社のおかげで、「あなたは中央アフリカ共和国やリビア、あるいはその他の場所に軍隊を派遣した」といった非難に対しても、モスクワは「私ではないし、馬は私のものでもない」といった顔をすることができた。

3. しかし、それ以上に重要なことがある。私は、民間軍事会社設立の主な理由は国内政治にあったと考えている。10年前のロシア社会は、アフガン戦争のトラウマをまだ克服しておらず、一般的に「社会主義建設における発展途上国への友好的援助」というソ連の経験を克服していない。アフリカで盗賊を追うために何百人もの軍隊を送り込んだというニュースが流れると、「私たちの息子たちが、クレムリンによってまた地球の裏側で虐殺のために送り込まれた」と人々は受け止めた。「そこには召集兵はおらず、契約兵しかいない」という説明も、ほとんど役には立たなかっただろう。社会のかなりの部分から見れば、ソ連崩壊の原因となったような、意味のない地政学的な冒険であることに変わりはないからだ。そして、当局への支持と国内の安定を揺るがすことになる。

4. しかしこの10年間ですべてが激変した。ソ連のトラウマから立ち直り、ピンポイントの軍事的・政治的手段によって達成されたロシアの印象的な地政学的成功を目の当たりにし、大国は時として、最も曖昧な理由のために、地球上の最も奇妙な地域に軍隊を派遣しなければならないこともある――そして、そうしなければならないのなら、するべきだ――と社会が理解し、受け入れたのだ。

5. プリゴジンの反乱は、この現実を国民が受け入れたことに重なる。つまり、現在の社会的な出来事の主な結果は、「ロシアにはもう民間軍事会社は存在しない！ まあ、アフリカに戦闘員を送る必要があるなら、送ればいい。主なことは、コーディネーターと契約兵を派遣することだ。しかも高額で」ということになる。

6. そしてこのことが、なぜ政府がこれまでずっと、関連法を成立させて民間軍事会社を合法化しようとする試みを完全に阻止してきたかという問いについての答えだろう。誰かが、このような結末になることを予測し、計画していたようだ。

今後、ワグネルのような民間軍事会社の機能をロシア軍が果たすようになるとの見方が興味深い。傭兵利権を民間軍事会社からＧＲＵに移動するというプーチンの決断もプリゴジンの乱の要因になった。

恨みを引きずらない

裏切者のプリゴジンをプーチンは絶対に許さない。しかし懲罰は、殺害や逮捕だけではない。国外逃亡でも、全面的に恭順を誓い「ワグネル」から手を引くことでも構わない。プーチンに敵対しない、すなわち中立になればいいのだ。

8月23日、プリゴジンが飛行機事故で死去した。同日、モスクワからサンクトペテルブルグに向かうプリゴジンの乗ったプライベートジェット機がモスクワ近くのトヴェーリ州で墜落し、乗客・乗員10人が死亡した。本件が暗殺であるか事故であるかは本質的問題でない。反乱後、プーチンに恭順の意を示し「ワグネル」の武装部隊の指揮権を手放したプリゴジンにプーチンは関心を持たないからだ。恨みを引きずらないのも独裁者にとって重要な資質なのである。

第二章

習近平

圧倒的な権力と恐怖支配

権益拡大路線をひた走る中華人民共和国の最高指導者・習近平は、2013年の国家主席就任以降、圧倒的な求心力で国内外にその存在感を示してきた。就任後、間もなく打ち出した現代版シルクロード計画「一帯一路構想」が象徴するように、習近平の拡張主義はとどまるところを知らない。コロナ禍においても、その勢いは健在だ。マスク外交に続き、アジアやアフリカの国々に自国のワクチンを無償提供するワクチン外交を積極的に展開し、各国への影響力拡大を狙っている。国内接種を開始したものの、その先のワクチン輸入量の見通しが立てられなかった日本とは対照的だった。

2011年にGDPで日本を抜き去ってから世界第2位の経済大国という地位を揺るがぬものにした中国は、コロナウイルス流行時の落ち込みからも順調な回復ぶりを見せ、2020年のGDPは100兆元を初めて突破した。党規約に「習近平思想」を盛り込むなど、「第二の毛沢東」とも称される習近平。コロナゼロ対策では国内の求心力低下が言われたが、2023年3月の全国人民代表大会では、全会一致で3期目の国家主席に再選された。膨張を続ける超大国を牽引するカリスマは、その求心力をいかにして維持してきたのか。

「社会主義」を強調

２０１７年10月18日から始まった党大会の演説において、習近平は、２０１２年の総書記就任から5年間の政治経済の成果について「全方位的かつ創造的なものだ」と自賛した。さらに、２０３５年までに「社会主義の現代化」を実現し、建国１００周年を迎える２０４９年には国際的な影響力を飛躍的に向上させた「社会主義現代化強国」を実現すると宣言した。

「長期にわたる努力を経て、中国の特色ある社会主義は新時代に入った」と習近平は強調するが、言葉では社会主義といっても、もはや今の中国を社会主義国だと信じる人はいないだろう。「社会主義の現代化」とうたったところで、あらゆる権限を共産党が独占しているということを除けば、経済の実態は資本主義と何ら変わりはない。

鄧小平の現実化路線以降、中国は共産主義という看板を掲げてはいるものの資本主義の国として成長し続けてきた。その結果、地域間や都市内での所得格差が広がった。格差の拡大とともに、共産党があらゆる権限を牛耳っていることに対する国民の不満も、体制の足元を揺るがしかねない要因となってきている。

そこで、習近平が打ち出したのが、「反腐敗汚職闘争」キャンペーンであった。

「選択的摘発」で官僚をコントロール

この党大会の演説の中で、習近平は「トラもハエもキツネも叩く」という表現で、党の上層部だろうと下っ端の小役人であろうと、誰であっても容赦はしないという、反腐敗汚職闘争に対する強い意気込みを語った。

この習近平の意思表示には、二つの思惑がある。

一つは、国民の不満に対するガス抜きである。格差が拡大するなかで、権益を独占する党幹部らによる汚職が目に余れば、国民の怒りは体制に向かう。逆に、反腐敗汚職闘争を掲げれば、国民は拍手喝采で支持する。そうした国民感情を意識したうえでの宣言であったことは明らかだ。

二つ目は、反対派は容赦しない、という態度を鮮明にすることで、官僚を徹底的にコントロールすることである。

中国は共産党が司法・立法・行政を独占している。官僚には許認可権が数多ある一方で、給与は安い。つまり、もともと汚職の生じやすい土壌なのだ。そうした構造が中国社会において一定の活力となってきた側面もある。しかし、それも程度の問題である。汚職が目に余るほどになれば、当然国民の不満は高まる。国民を納得させるためには、腐敗汚職との闘争姿勢を明確に示す必要があった。

かといって、この姿勢を鮮明に示すことで、腐敗汚職が撲滅できるとは習近平も思ってはいない。官僚が許認可権を独占し、かつ給料が安いままであれば、権限が金に変わるのはシステム上の必然である。いくら宣言したところで腐敗を一掃することは不可能なのである。もしも本気で完全に腐敗汚職を撲滅しようとすれば、中国から官僚として働こうとする人材は消え失せるだろう。

つまり、決して撲滅はできない腐敗汚職でありながら、それを絶対に容認しないというポーズを示すことで、「運悪く睨《にら》まれたら摘発されてしまう」と官僚たちに思い知らせた。潰したいと思えばいつでも潰せるぞ、というメッセージによって、官僚たちを徹底的にコントロールして異論を封じ込めることが可能になったのだ。

全員が絶対に守ることのできないようなルールをつくり、全員を違反状態にしておけば、あとは習近平の胸先三寸でいつでも恣意的に逮捕し排除することができる。習近平は、自らの権力を絶対的なものにするために、反腐敗汚職闘争を利用したのである。

習近平のこうした手法は、何も中国にかぎったことではない。日本の官僚も似たようなコントロール下に置かれている。

２０２１年、放送事業会社に勤務する菅義偉前首相の長男から接待を受けていたとして、総務省の官僚らが複数名処分された。日本の官僚は、利害関係者との食事が禁じられている。５０００円以上の会食をした場合には届け出なければならないし、１万円を超える見込みであれば事前の届け出が必要となる。

しかし、今どき、ちょっとしたレストランで食事をして酒でも飲めば５０００円を超えることなどいくらでもあり、この規則を完全に守ることは不可能に近い。誰もが守れない規則である以上、通常は違反をしていても問題にされないが、時折例外が発生する。

菅前首相の長男との会食問題や、農林水産省の事務次官らが、大手鶏卵会社の前代表との会食に出席していたことが問題視されて処分が下された件も、選択的な処分の典型であり、駐車違反で反則切符を切られるようなものだ。切られた側は運が悪かった、ということになる。

こうした選択的摘発は、官僚にとっては心理的なプレッシャーが非常に大きく、無言の縛りとなる。習近平はこの効果を狙っている。ひとたび睨まれたら逃れるすべはないという反則切符を持たされている以上、権力者に対する忖度《そんたく》は加速する。

指導者としての正統性を誇示

２０１7年10月18日の党大会で、習近平は「新時代」という言葉を36回も繰り返した。近代以降、苦難を味わってきた中国が「立ち上がり、豊かになり、強くなる」偉大な飛躍を実現したことで、「新時代に入った」のだとした。

「立ち上がり、豊かになり、強くなる」は習近平が好んで使うフレーズである。建国の父、毛沢東の時代に「立ち上がり」、改革開放を推進した鄧小平の時代に「豊かになり」、そして、強国路線を歩んで「強くなる」今の自分の時代を、それぞれ形容していると思われる。中国の歴代の指導者に連なる正統な後継者としての自分を押し出しているのだ。

中国の国家主席は共産党内部による互選で選ばれるが、そのプロセスはまったく不透明である。常にカリスマ性のある「王」が党によって選ばれ、その「王」によって統治されてきた国だといえる。毛沢東の時代の行きすぎた個人崇拝への反省から、その後の中国政府は指導者の個人崇拝を禁じてきたが、江沢民、胡錦濤を含め、国家主席は絶対的な求心力をもって国を統治してきた。

習近平は、自身もその正統な系譜に連なる指導者のひとりであるということを明確にするとともに、さらに一歩進んで、自らがうたう「新時代の中国」のありようを「習近平思想」と名づけて党規約に盛り込んだ。

指導者の名前を冠した思想を党規約に入れたのは、毛沢東、鄧小平以来のことである。江沢民元総書記、胡錦濤前総書記を上回る実績を上げた自分は、毛沢東・鄧小平にも劣らない指導者であることを印象づけようとした。まさに「第二の毛沢東」のごとき振る舞いである。

この党大会以降、習近平への権力集中は一層進んでいく。

経済強化路線を掲げる理由

2018年3月11日、全国人民代表大会（全人代）は憲法改正を行い、2期10年という国家主席の任期の制限を撤廃した。これで習近平の任期は実質上、無期限となり、習近平の終身独裁体制が確立されたと見る向きもある。実際、2023年3月、全会一致で3期目に突入している。

が、私の分析はそれとはやや異なる。習近平は、永遠に権力の椅子に座り続けたいわけではない。しかるべき後継がいまだに育っていないことを憂慮しているのだ。共産党による中央集権を維持するには、党、軍、地方といった、さまざまなステークホルダーの集団をがっちりと抑え込む力量とカリスマ性が求められる。

国家主席という指導者が利害関係のある複数の集団を抑え込み、それぞれのバランスを取ることで党中央による独裁体制は維持できるのだ。

しかし現状では、習近平ほどのカリスマ性と力を持った人材が育ってきていない。このまま未熟な指導者に引き渡してしまえば、力の均衡が崩れ、その独裁体制が維持できなくなると習近平はわかっているのだ。

指導部内の後継者不足は中国経済の急速な拡大と無関係ではない。中国の資本主義が一気に進んだことで、優秀な人材が政治からビジネスの世界に流出してしまったのだ。この流れは、中国だけでなく世界的な傾向として見ることができる。優秀な人材が、大きな儲けを生み出すビジネスの世界へと流れていき、官僚や政治家のクオリティ低下が顕著になりつつある。

しかし、習近平は後継者の不在に悩む一方で、経済成長を鈍らせることもできないため、党内における人材の枯渇もある程度はやむを得ないと考えているはずだ。

というのも、経済が成長を続けている間は、国民は経済活動や文化活動によって欲望を追求できるため、政治への関心は低く抑えられる。ところが経済状態が悪化してくると、今度は国民の政治意識が高揚してくる。「政治の力で経済状態を改善せよ」といった要求を掲げて政治活動に熱中し、一方の経済活動がおろそかになってしまうのだ。社会全体で見ると、政治と経済はトレードオフの関係にあるといえる。政治意識の高揚と経済の停滞が相互作用を起こし、負のスパイラルに入ると社会も国家も弱体化してしまうのだ。

「新時代の中国」として経済強化路線を掲げる習近平としては、共産党の人材不足が進行しようとも、国民の関心が政治から離れていくことを歓迎するしかないのである。

人口ボーナスの終焉と高齢化社会

急速な勢いで成長を遂げてきた中国経済だが、しかし、この勢いがいつまでも続くとは習近平も思っていない。

中国の1人当たりGDPは、2019年に1万ドルを突破した。先進国レベルの2万ドル程度まで上がっていけば中国経済は本当に強くなったといえるが、現状では2万ドル突破は難しいと思われる。というのも中国の経済成長を下支えしてきた人口ボーナスが間もなくなくなり、中国も一気に高齢化社会へと突入していくからだ。

中国政府は、2021〜2025年の間に60歳以上の高齢者人口が3億人を超える見込みであることを明らかにした。これは中国の人口のおよそ21%に当たる。明らかな高齢化社会の到来である。1979年から2015年までの極端な人口抑制政策のツケが回ってきた。

さらに、急激な経済拡大による環境負荷も、中国にとってのアキレス腱となっている。習近平政権下、人口14億人の中国社会において、かつてないほどに中産階級が増大した。この中産階級が経済活動によって欲望を追求し続けた結果、中国は水質汚染や大量汲み上げによる地下水脈の枯渇という危機に直面している。中国の急激な経済成長は、あっという間に生態系などの臨界を招いてしまったのだ。

水問題は国際問題に発展する。将来的に水をめぐって周辺諸国との緊張が高まる可能性はきわめて高い。巨大な中産階級による活発な経済活動は、中国経済を押し上げもするが、一方で、危機的な環境負荷を招くリスク要因ともなる。習近平政権にとって諸刃の剣なのだ。

ジェンダー・ギャップも不安材料

一向に埋まる気配のない格差も、国内の不安材料となっている。

そのひとつが都市部と農村部、沿岸部と内陸部の経済格差であることは論を俟《ま》たないが、中国におけるもうひとつの深刻な格差問題がジェンダー・ギャップである。

世界経済フォーラムが発表した「世界ジェンダー・ギャップ報告書2022」によると、中国のジェンダー間格差は、対象146カ国の中で102位である。日本におけるジェンダー間格差も相当なもの（日本はなんと、116位である）なので、かの国のことを言えた立場ではないが、平等をうたう社会主義の国で、男女といった属性による格差があるのは不思議に思うかもしれない。しかし、実際には社会主義の下での平等などあくまでも建前にすぎず、実態は旧態依然とした家族制度に縛られているのだ。家族制度において、中国は女性の地位がきわめて低い。家族における地位と社会的地位はリンクしているため、政治でもビジネスでも、中枢で活躍している女性がきわめて少ない状態が続いているのだ。

通信機器大手メーカー、ファーウェイの副会長は女性だが、彼女は創設者の娘である。彼女のように、家柄のおかげでビジネスの最前線に立っている女性はいるものの、本質的には、中国社会において女性が自分で這い上がるのは非常に難しい。同じ社会主義国でも女性が多く活躍するベトナムやキューバとは、様相がまったく異なっている。当然ながら、ジェンダー間格差も今後、中国が乗り越えるべき課題となるだろう。

影響力を残すには「物」と「金」

これらの不安材料を抱えながらも、習近平は「強い中国」を打ち出し、国内外に強硬姿勢を示し続けている。巨大経済圏構想「一帯一路」を掲げて、ヨーロッパとアジアを陸路と海上航路でつなぐ物流ルートの拡大に乗り出し、さらにその先のアフリカ大陸にもインフラ整備などを通じて影響力を増している。

新型コロナウイルス禍においても、習近平政権の動きは素早かった。2020年5月18日に開催されたWHO（世界保健機関）の年次総会のスピーチで、習近平は「途上国のコロナ対策を支援するために2年間で20億ドルを拠出する」と表明した。この額はアメリカの拠出金の2倍以上であり、「自国第一主義で他者を攻撃するトランプ政権」対「国際協力と支援の習近平政権」という図式を巧みにつくり上げてしまった。前年まで中国のWHOへの拠出金はアメリカの10分の1

程度だったことを考えると、コロナ対応において、中国を新型ウイルスの発生源として非難するばかりだったアメリカは手痛い敗北を喫した。

実際、習近平は武漢の初期対応のまずさへの批判をうまくかわし、マスク外交やワクチン外交を積極的に展開して各国への影響を拡大した。緊急事態の外交において、その後に影響力を残すには物と金を出すことだ。中国は物と金を出せる経済力を持ったことで国際的な影響力を高めたのだ。このあたりは経済援助を受けない日本で暮らしているとわかりづらいところである。

しかし、「強い国」を目指すのは、何も習近平政権の専売特許ではない。

どこの国の政治家も「強い国づくり」を口にする。自国の存在感を高めるために強い国を目指すのも、自国第一という姿勢も、社会主義国家だろうと資本主義国家だろうと変わらないきわめて当たり前のことなのだ。自国を弱くしたい政治家などいるはずもないだろう。

中国の強国化が際立って見えるのは、経済拡大のスピードがあまりにも急速すぎるからにほかならない。その成長スピードを維持するためにも、習近平の覇権主義的な振る舞いは当面続いていくだろう。

いことである。

「蟻の一穴」を恐れる

どのような状況になろうと、習近平が死守するのは、国民に党の批判をさせないことである。

末端の党員に対する批判が出てくるのはある程度かまわないが、党が指導する国家体制に対する批判は徹底して抑え込む。国家の最高指導者である自分に対する批判も決して認めない。そこに例外はない。蟻の一穴から体制が崩れてしまうことを、ソ連を見てよくわかっているからだ。

そう考えれば、香港に対する近年の強硬姿勢の理由も見えてくるだろう。

１９９７年の香港返還に際して、「一国二制度」というルールが適用された。これにより、選挙権以外はイギリス並みの民主主義を謳歌していた香港は、中国の一部となったあとも、社会主義の中国とは一線を画した高度な自治が少なくとも50年間は認められることになっていた。

ところが近年、民主的な選挙を求める香港市民と中国政府との衝突が激化、２０２０年には「香港国家安全維持法」が可決され、一国二制度は形骸化した。中国政府と香港当局を批判する行為が犯罪とみなされることになり、民主派の活動家や政治家、メディア関係者らが次々と逮捕起訴される事態が起きている。

中国と香港を政治的に切り離し、西側の窓として利用するという選択肢もあったはずだ。しかし、今の習近平政権にとって重要なのは、例外を認めないという姿勢を明らかにすることだ。香港にも中国の完全な主権が及んでいるということを明確に示し、中国にとっての不幸な時代、植民地時代の残滓《ざんし》を完全に払拭するということが、何よりも重要だったのだ。それでも香港を通じた経済的権益は維持できると習近平は考えているのであろう。

香港が、かつてのような一国二制度のシステムに戻ることは、習近平政権下においてまず不可能だろう。そもそも、一国二制度を約束した1997年と今とでは、中国の経済力はまったく異なっている。返還当初の合意も、その当時の力関係の上での合意にすぎず、力関係が変われば合意の線も変わってくる。経済力がつけば自己主張が強まるというのは当然の結果なのである。

台湾についても、今武力で統一するよりも、中国のGDPがアメリカを抜けば、自然に台湾のほうから中国に近寄ってくると習近平は考えているのではないだろうか。

「宗教の中国化」戦略

今の中国の国内情勢を分析するうえで無視できないのが、宗教人口の増加である。

元来、中国は毛沢東思想（中国版共産主義）に基づく全体主義の世界観によって成り立っていた。毛沢東思想に基づく無神論という名の宗教であるが、この宗教が力を失いつつあるため、その隙間をさまざまな別の宗教が埋めているのだ。

その情勢を丁寧に分析しているのが、福島香織の『習近平の敗北　紅い帝国・中国の危機』（ワニブックス）である。タイトルは扇情的だが、緻密な取材に基づいて、しっかり分析している。以下に引用する。

〈2018年4月、中国は1997年以来2冊目となる宗教白書「中国の宗教信仰の自由を保障する政策と実践白書」を発表し、習近平政権における宗教政策の方向性を強く打ち出しました。そのキーワードは「宗教の中国化」です。

白書によれば、中国はすでに五大宗教（仏教、キリスト教、イスラム教、ユダヤ教、ヒンドゥ教）人口が2億人を超える宗教大国となり、それに伴い、中国共産党による宗教管理の強化が必要だと訴えていました。ちなみにこの2億という数字は、中国共産党が認める宗教者数です。中国には中国共産党が公認する宗教と非公認の宗教があり、非公認の宗教は〝邪教〟として排除・迫害の対象となっています。実際の宗教人口はおそらくこの2倍以上。キリスト教だけでも1億人、仏教徒は最近では3億人前後という推計も出ています。〉

膨張を続ける宗教人口の管理に、中国共産党本部が乗り出してきたというのだ。

〈この膨大な宗教人口を管理するために、国家宗教事務局は2018年4月から党中央統一戦線部傘下に組み入れられることになり、党中央が直接、宗教工作を指導するかっこうとなりました。元国家宗教事務局副局長の陳宗栄はこの機構改革について「我が国の宗教の中国化方向を堅持し、統一戦線と宗教資源のパワーを統率して宗教と社会主義社会が相互に適応するように積極的に指導することを党の宗教基本工作方針として全面的に貫徹する」と説明しています。〉（前掲書）

毛沢東思想という無神論宗教がもはや力を失っている以上、活発化する宗教活動を無理やり抑え込むことは不可能だ。そこで中国共産党は「宗教の中国化」という方針を打ち出した。ここで念頭に置かれている宗教とは、国際的ネットワークを持つキリスト教やイスラム教だ。これらの世界宗教を中国に土着化させ、政治的に中国共産党体制と対立しなくなるようなルールの確立を中国共産党は目論んでいると思われる。

バチカン（カトリック教会の総本山）と中国は、司教の任命権をめぐって長らく対立していたが、このところ和解の兆しが見られる。カトリシズムは、地域の文化や伝統に宗教を土着化させるノウハウに長けている。「宗教の中国化」にカトリック教会が同意し、バチカンと中国が外交関係を樹立する日が、そう遠くない将来に訪れるかもしれない。

日本との関係においては、創価学会の宗教活動が中国で認められる可能性もある。創価学会の国際組織ＳＧＩ（創価学会インタナショナル）は、各国の政治制度、文化を尊重しながら布教活動をするという立場を取っている。今、中国では香港とマカオでＳＧＩが活動しているが、もし中国本土にもＳＧＩが創設されると、宗教を通じた日中関係の強化につながり、日本外交にも無視できない影響を与えることになるだろう。

種々の格差問題を解決できないまま少子高齢化社会に突入した中国は、これまでのような勢いで成長を続けることが、じきに難しくなるはずだ。社会や経済の問題を政治が解決できないとなると、不安を抱えた民衆の心を宗教が掴むようになる。民衆の不満が宗教と結びついた時、大きな政治力となることがある。コントロールのできない宗教が蔓延し、共産党支配の基盤が侵食されることを習近平は危惧しているのだ。

そのためにも、今のうちに公認宗教を体制内部に取り込むことに腐心しているのである。

国の文明度は弱者への態度に現れる

「社会主義の現代化」を目指す習近平の舵取りは、今のところ比較的うまくいっていると言っていいだろう。新型コロナウイルスの感染拡大を強権的に抑え込んだことが象徴的である。

自由主義の国が軒並みGDPを落とす中、中国は例外的にプラス成長を維持した。2022年のゼロコロナ政策により一時は経済的なダメージが広がったが、その後は制限解除へと舵を切り、経済を安定化させる方向へ向かっている。こうした結果からも、今後は独裁が世界各国でトレンドになっていく可能性はきわめて高い。危機管理に対応するには、効率性が悪く機能不全を起こしやすい民主主義よりも、独裁的な政治のほうが素早く決定し解決できるという印象を社会に示した形になったからだ。良し悪しとは関係なく、民主主義の構造的な弱さが可視化されてしまった。

独裁とは呼ばず、リーダーシップと言い換えればさらに印象がよくなるだろう。強いリーダーシップ、決められる政治、迷いのない政策。こうした言い回しは、私たちの社会にもあふれかえっている。しかし、これらの言葉はすべて独裁の方向を指し示しているのである。その独裁に、私たちはいかにして対抗しうるのか。答えを出すことが難しい問題だ。

フランス革命は自由、平等、友愛の三つを原理とした。これら三つがともに並んでいるように見えるが、そうではない。自由が進めば格差は拡大し、平等を徹底すれば自由は奪われる。自由と平等は相反し引っ張り合う関係にあるのだ。その折り合いをつけるときに必要になってくるのが、友愛、つまり同胞意識である。

都市封鎖された武漢からブログで情報発信し続けた中国の作家、方方《ファンファン》が、ブログを加筆編集してまとめた書籍『武漢日記』（河出書房新社）で次のように述べている。

〈ある国の文明度を測る基準は、どれほど高いビルがあるか、どれほど速い車があるかではない。どれほど強力な武器があるか、どれほど勇ましい軍隊があるかでもない。どれほど科学技術が発達しているか、どれほど芸術が素晴らしいかでもない。ましてや、どれほど豪華な会議を開き、どれほど絢爛たる花火をあげるかでもなければ、どれほど多くの人が世界各地を豪遊して爆買いするかでもない。ある国の文明度を測る唯一の基準は、弱者に対して国がどういう態度を取るかだ。〉

これこそが、社会主義国も資本主義国も関係なく、人道主義に基づく普遍的価値観なのだ。方方の『武漢日記』は15カ国で翻訳され、彼女の言葉に共感する人たちが増えている。習近平政権にとって厄介な作家であることは明らかだが、方方は、社会制度の枠を超えて、国と個人のありようを問い直しているのだ。

第三章

ドナルド・トランプ

「下品力」を武器に大衆を味方に

アメリカ合衆国第45代大統領、ドナルド・トランプ。民主主義を標榜するかの地において、これほど「独裁者」の枕詞が似合う大統領は近年いなかったのではないだろうか。

現職に有利といわれる2期目を目指す2020年の大統領選挙では民主党候補のジョー・バイデンに敗れたものの、実に7400万もの票を集めた。当初、トランプ陣営は負けを認めず「票が盗まれた」可能性を主張、投票結果の確定阻止の訴訟を次々と起こすもすべて棄却され、ついに負けが確定した。

ホワイトハウスの去り際もきわめて特異だった。2021年1月6日、ホワイトハウス前の抗議集会で「この選挙は盗まれた」と訴えるトランプに背中を押されるように、支持者たちは選挙結果の確認手続を行っていた連邦議会議事堂に乱入、警官隊と激しく衝突して死者を出す惨事となった。大統領が呼びかけた抗議行動に連なる議会襲撃は、アメリカ国民に少なからずショックを与えた。

暴動を扇動したとして、トランプは残り任期わずか1週間を残して弾劾訴追された。ウクライナのゼレンスキー大統領に、軍事支援と引き換えにバイデンの不正疑惑の調査協力を要請したとされる「ウクライナ疑惑」に続いて二度目の弾劾訴追という前代未聞の事態である。

今回は上院での付託が大統領在任中には間に合わず、トランプがホワイトハウスを去ったあとも上院での弾劾裁判が続いた。

この弾劾訴追、結果的には上院で無罪評決となったが、支持者にとってはエスタブリッシュメントに本音の戦いを挑み追放されたという英雄譚《たん》の様相を呈していた。その後も不倫関係にあったとされる女性への口止め料支払いや、さらには2020年の選挙結果を覆そうと共謀した罪などで起訴が相次ぐという異例の事態になってなお、トランプを支持する声は根強い。

トランプを支えた熱狂は何だったのか。国民の実に7000万人以上が、今回もトランプに票を投じていたという事実、加えて、2024年大統領選挙の共和党候補としていまだに支持率のトップを独走しているという事実は何を意味するのか。

「私は低学歴の人たちが好きだ」

2期目をめぐる大統領選挙で大接戦を展開したトランプだが、そもそも、2016年の選挙の時、彼が大統領になると断言していた日本の有識者はほとんどいなかった。ヒラリー・クリントン候補が優勢だろうと考えていた人が多かったはずだ。

しかし、評論家の副島隆彦は少し違う視点でトランプ当選の可能性を捉えていた。英語に堪能な副島は、与件《よけん》の中で最悪の状況を分析するインテリジェンス能力に長けている。公開されている情報の中から、状況の動因となっている事柄を的確に探し当てる。

彼は、2016年の大統領選挙運動の最中、ネバダ州でのトランプの次の一言に焦点を当てている。

「私は低学歴の人たちが好きだ」

これを聞いた共和党員たちからは拍手と歓声が巻き起こったという。

低学歴が好きだといわれ、熱狂する支持者たち。この時、副島はトランプの勝利を確信する。

〈この低学歴、ゆえに低所得層の白人大衆であるアメリカ下層国民（中流と絶対に呼べない人たち）が自分は大好きだ、というトランプの暴言ともいえる本音の発言が重要なのだ。

今度の米大統領選挙の醍醐味は、この正直な言論だ。トランプ旋風の中に表れた正直な指導者からの訴えかけだ。

自分たちの指導者になる者が、本気で、体を張って本音の言論をやってみせると、大衆はそれに応える。それが「あなたを支持するよ、応援するよ」ということだ。

本場の大阪漫才（吉本興業の難波花月劇場）でも、最高級の芸を極めた漫才師は、「あんたらアホなお客がいてくれるからワシの漫才が冴えるんや」という観客罵倒芸をやる。客はゲラゲラと笑う。

アメリカの大衆・庶民の感情の勘どころを、しっかりと自分のアメリカ・テレビ出演漫才芸で40年間も（30歳の頃からもう40年）みっちり自分の体で仕込んできたドナルド。トランプに勝てる者はいない。〉（副島隆彦『トランプ大統領とアメリカの真実』日本文芸社）

日本におけるネトウヨ的言論の増殖には、格差社会が進行するなかで、エスタブリッシュメント層に対するルサンチマンが原動力になっていると見る向きも少なくないが、同様の視点である。

果たして、トランプは２０１６年の大統領選挙に当選した。

「自己表現」にしか興味がない利己主義者

トランプがまず掲げたのは「アメリカ・ファースト」である。就任演説の時から、外交にも「自国第一主義」を適用することを明確にした。では、トランプはこれを実現させたくて大統領となったのか。彼を政治の舞台へと向かわせた動機とは何だったのか。

トランプを分析するにあたっては、彼が大統領になったあとで書かれたものよりも、それ以前に書かれた本のほうが参考になる情報が多い。

米国で2006年に出版されたロバート・キヨサキとの共著の中で、トランプはこう述べている。

〈私も耳にしたことがあるが、従業員なのに「まるで会社が自分のものであるかのような働きぶりだ」と評判の立つ人がいる。自分が会社のオーナーであるかのように、その成功を唯一の目的に一途に働く人たちだ。自分のビジネスを持ちたいと思ったら、一つの目的に向かって献身することが必要だ。例えば、ビジネスオーナーには労働時間に制限はない。何日も休まずに働くことさえある。それに、最終的な責任はすべてオーナーにかかってくる。

私はそういう責任を負うのが好きだ。自信が湧いてくるからだ。疲れるどころか、エネルギーを与えてくれる。そういうプレッシャーを楽しめないという人もいるが、そういう人は従業員のままでいた方がいい。〉（ドナルド・トランプ／ロバート・キヨサキ／メレディス・マカイヴァー／シャロン・レクター『あなたに金持ちになってほしい』筑摩書房）

実は、トランプは「低学歴の人が好きだ」と大衆に呼びかけながら、強烈な選民思想を持っている。不眠不休の努力ができる人、最終的にすべての責任を負うというプレッシャーに耐えられる人。そういう人しかビジネスオーナーになれないし、自分がまさにそうである、と胸を張る。それができなければ、ずっと従業員のままでいればいい、ということだ。さらに彼は言う。

〈自分のビジネスを持つのは木を育てるようなものだ。ビジネスも季節の変化や嵐を乗り越え、美しい夏の日や冬の猛吹雪を経験して生きる生命体だ。それは成長を続けるものであり、文字通り自分自身を表現するものでもある。私が、自分のやることとの品質管理に細心の注意を払っている理由の一つがここにある。自分を表現するものが何かあったら、自分の知るかぎり、あるいは達成できるかぎりそれを最良のものにしておきたい。そうすれば、自分に対するハードルをどんどん高くすることができるし、決して退屈しなくてすむ。そのことは保証してもいい。

これも、自分のビジネスを持つことのすばらしさの一つだ。あなたがもし退屈しているとしたら、その責任はほかの誰でもなくあなた自身にある。そして、そういう状態は長くは続かない。会社勤めをしていて退屈な仕事があったとしても、会社をやめる以外にできることはほとんどない。でも、自分のビジネスならば自分でコントロールすることができるし、それはより多くの自由があることを意味する。「自由」というのはなかなか興味深い言葉だ。なぜなら自由にはふつう代価が伴うからだ。ビジネスオーナーのほとんどは従業員よりも何時間も多く働いているが、他人のために働く方がましだと言う起業家に私はお目にかかったことがない！　ただの一度も……。

「自分を表現する」という話は、特に芸術や文学に関して、みんなどこかで聞いたことがあるだろう。ビジネスでも自己表現が可能だ。私はビジネスも一つの芸術だと思っている。鍛錬、技術、忍耐力など、ビジネスと芸術には多くの共通点がある。〉（前掲書）

ここに、トランプの本質がある。

彼は、いかに「自己を表現するか」ということに究極の目標がある。自分の自信を高め、ハードルを高め、退屈せずに済むための「自己表現」のひとつであるビジネス。それがそっくりそのまま、政治に入れ替わっただけのことだ。

　裏を返せば、トランプには政治家になって実現したい具体的な事柄が存在していない。

「アメリカ・ファースト」は、そのような国づくりを理想としているのではなく、そうぶち上げることで成し得る自己表現のひとつにすぎない。

　そこに、彼が好きだといった「低学歴」の社会的弱者へのまなざしはない。この人たちは、トランプの自己表現のステージである「トランプ劇場」の演出小道具のひとつなのである。

カルト的な人気と「下品力」

　トランプが一定の層から熱烈に支持され続ける理由は何か。

　私の造語になるが、それは「下品力」にあると考える。どんな人間にも下品な面はある。しかし、できればその下品さは隠し通しておきたいものである。言い換えれば、各自の下品さは心の中に抑圧され続けているのである。トランプは、その下品さを抑圧から解き放った。下品力を全面的に開花させることで、人が無意識に抑え込んでいた下品さを刺激し、結束の固い「下品な共同体」をつくることに成功したのである。

トランプの下品さは、一般の新聞で取り上げるには憚られる内容であるため、調査報道に基づいたノンフィクションをひもとかなければ見えてこない。

とくに優れたノンフィクションとして一読を勧めたいのがワシントン・ポスト取材班／マイケル・クラニッシュ／マーク・フィッシャー著の『トランプ』（文藝春秋）である。

ここに、2016年3月、共和党の大統領候補者指名をめぐって熾烈な争いを繰り広げていたマルコ・ルビオとの応酬が書かれている。

〈デトロイトのディベートで、（筆者注：マルコ・ルビオが）トランプの「手が小さい」ことについて本人と辛辣なやりとりをし、それがなんと、ペニスの大きさに関するあけすけなやりとりに発展したのだ。ルビオはトランプの手が身長に比べて不釣り合いに小さいと指摘し、「手の小さい男が世間でどう言われているか、知っていますよね？」と言った。

トランプはこの餌に食いついた。

「この手を見てくれ、これが小さいか？　彼は俺の手のことを持ち出してきた——

手の小さい男は、別のものも小さいに違いないと言いたいんだ。保証するが、問題ないよ。保証する」

この下品な冗談は、トランプの勢いにはほとんど影響しなかった。だが、ルビオのほうはたちまち転落の渦に呑みこまれ、べそをかきながら退場した。トランプは46％近い票を集めてフロリダを制し、対するルビオは27％で、選挙戦から撤退した。〉

まったくもって、大統領選挙の場において尋常ではない応酬である。共和党の候補者同士がペニスの大きさをめぐって火花を散らす。政策論争以前の問題である。

攻撃を仕掛けたルビオは、トランプが激昂して、聞くに耐えないような暴言を撒き散らすことを期待していたのだろう。そうすれば、こんな激昂しやすい人間に核のボタンを握らせてはならないと国民たちに気づかせることができる、と。

しかし、トランプはその手には乗らなかった。いや、ルビオにとってペニスの話は、とんでもなく神経を逆なでするようなテーマだったかもしれないが、下品な話題を公の場で普段から口にしているトランプにとって、この程度の下ネタなど、どうということのない言葉遊びにすぎなかったに違いない。

エスタブリッシュメントとは違う彼のあけすけさは、「こいつは気取ってない。低学歴で貧しい俺たちと同じ感覚の持ち主だ」と一部の有権者たちのハートをわし掴みにしたのである。

こうした言動を繰り返しながら、トランプはカルト的な人気を不動のものにしていった。トランプの強さは、支持者がカルト化したところにある。カルトに所属する人々の士気は、常識や理性が通じないため、常軌を逸した高さを保ち続けるのだ。

プーチンとの会談で見せた役者ぶり

下品力をパフォーマンス的に見せつけながら、しかし、トランプはビジネスマンとしての嗅覚で、外交の舞台でもそれなりの交渉術を駆使してきた。「アメリカ・ファースト」と言いながらも、実は目立たないよう注意しつつ譲歩すべきところでは譲歩している。

2017年7月7日夜、主要20カ国・地域首脳会議（G20サミット）の開催地ドイツのハンブルクで、プーチンとトランプの米露首脳による初会談が行われた。首脳会談には大きく分けて二つのパターンがある。一つは、相互訪問による会談で、わざわざ相手の国を訪問するのであるから、公式訪問、実務訪問という名称の違いに関係なく、実質的な交渉が行われる。

もう一つが、国際会議などのタイミングを利用して行われる首脳会談だ。こちらは、「やあやあ、ご機嫌いかがですか」といった顔つなぎが主な目的で、実質的な内容が伴わないことも多い。予定時間も30分からせいぜい1時間といったところだ。

当初、ハンブルクでの米露首脳会談も30分の予定だった。ところが、予定を大幅に超えて、会談は2時間15分にも及んだ。1時間45分も長引いたのは、プーチンとトランプの相性がよかったからにほかならない。

トランプは当時、国内の「ロシア疑惑」への追及に悩まされていた。大統領選挙のさなかに起きたクリントン候補へのサイバー攻撃にロシアの関与が疑われ、さらに、トランプ陣営がロシアと共謀していた疑惑まで持ち上がり、発足したばかりのトランプ政権の足元を揺さぶっていた。

果たしてトランプはロシアの内政干渉を自ら招いたのか。であれば自国への重大な裏切りである。米露首脳会談はそうした疑惑のさなかに実現したものだった。

トランプは会談の冒頭で、ロシア疑惑についての国民の懸念をプーチンに伝えた。それに対してプーチンは「証拠を示してほしい」と反論し、関与を否定した。

トランプがわざわざ冒頭でロシアによるサイバー攻撃疑惑についてプーチンを詰問したのは、もちろんアメリカ国内向けのポーズである。だから、プーチンが「証拠を示せ」と言ったからといって「ほら、これが動かぬ証拠だ！」などと追い詰めるようなことはしない。もちろんプーチンもそのあたりの落とし所がわかっているから、「証拠を示せ」と強気に出てくる。

つまり、お互いの主張を言いっぱなしのまま、問題を軟着陸させようとしているのである。まさに、2人とも教科書のような交渉術である。

シリア内戦ではプーチンを利用

トランプ政権下では、対シリア政策にも大きな変化がもたらされた。アサド政権の後ろ盾となっているロシアのプーチンにとって、中東のチェチェン過激派の動きを封じ込めるためにも、シリアが無法地帯になることだけは避けなければならない。

一方、アメリカはオバマ政権時代にシリアの反体制派へ軍事支援を始めていた。シリア内戦を通じて米露は対立を続けてきたわけだが、トランプは初の首脳会談でシリア南西部での停戦に合意したのに続き、反体制派への軍事支援の停止を決断する。

〈ただ一方でトランプ政権は、シリア国内で過激派組織「イスラム国」（ＩＳ）掃討作戦に加わる、少数民族クルド人の武装組織への軍事支援については強化している。トランプ政権がアサド政権打倒よりＩＳ掃討を優先させていることが、改めて浮き彫りになった形だ。〉（２０１７年7月20日『朝日新聞デジタル』）

もともと、トランプはアサド政権打倒には大した関心がなかった。シリアは筋が悪すぎるし、その上、石油もあまり出ない。トランプにとってシリア内戦に首を突っ込むメリットは薄かった。「イスラム国」は抑え込みたいが、シリアのアサド政権とロシアがタッグを組んでことに当たってくれるのであれば、それでよいという計算がトランプの中で働いたと思われる。

一方で、クルド人武装組織への軍事支援は強化し、シリアにおける勢力均衡の手を緩めすぎることはしなかった。実際、イラク・シリア国境地帯を逃亡していた「イスラム国」の最高指導者で自称カリフ（預言者ムハンマドの正統な後継者でイスラム国家の指導者の称号）のアブバクル・バグダディは、２０１９年10月27日、米軍とクルド人武装勢力の共同軍事作戦によって死亡している。

しかし、トランプの基本スタンスは、非人道的な空爆を躊躇《ちゅうちょ》なく実施するロシアの掃討能力をできるだけ利用してやれ、というものである。ロシアは平然と非人道的な絨毯《じゅうたん》爆撃を行うが、アメリカは、国内での政権批判につながるような誤爆による民間人の犠牲を極力避けたいのである。前記のバグダディ殺害に当たっても、米軍は事前に細かく隠れ家の情報などを入手し、ピンポイントで爆撃を行っている。

一方のロシアは国際的な人道基準など無視して、「イスラム国」のテロリストがいれば、周囲に民間人がいようともお構いなしに爆撃するのだ。ロシアのマスメディアは、ロシア軍の空爆によって無辜《むこ》の住民が犠牲になっているという事実を報じない。インターネット上には、ロシア軍のシリアにおける非人道的攻撃を非難する動画も多数投稿されてはいるが、世論にはほとんど影響がない。

1999年の第二次チェチェン戦争以後、ロシア各地で爆弾テロが起きている。テロリストとの交渉など不可能で、殺害以外に社会の安全を手に入れる方法はないと考えている大多数のロシア人が、シリアでのロシア軍の絨毯爆撃を支持しているのだ。

絨毯爆撃の効果は絶大だ。トランプはシリア内戦においては、ロシアのこの威力を活用すればよいと考えた。

一方、石油を多く産出するイラクに対するスタンスはもちろん異なる。できるかぎりイラクに介入しておきたいトランプは、イラクのシーア派に強い影響を与えるイランとの対立を深めていった。結果として、トランプ政権は「イラン核合意」から離脱し、対イランの経済制裁の強化に踏み切ったのである。

過激な「親イスラエル政策」の真意

トランプのもう一つの特徴が、強い親イスラエル感情である。

彼は就任演説で、わざわざ新約聖書ではなく旧約聖書を引用した。彼の演説の一部を紹介する。

〈私たちは古い同盟関係を強化し、新たな同盟を作ります。そして、文明社会を結束させ、イスラム過激主義を地球から完全に根絶します。（中略）聖書は「神の民が団結して生きていることができたら、どれほどすばらしいことでしょうか」と私たちに伝えています。〉（2017年1月21日『NHK NEWS WEB』）

新約聖書はキリスト教徒のみが経典とするが、旧約聖書はキリスト教徒とユダヤ教徒がともに経典とする。

トランプが引用した一節は、日本聖書協会の新共同訳では「見よ、兄弟が共に座っている。／なんという恵み、なんという喜び。」と訳されている。

ヤーウェ（神）の教えに基づく世界支配はシオン（イスラエル）から広められるという旧約聖書「詩篇」133編の中にある。「イスラム過激主義」根絶の意志とともに、あえてこの箇所を引用したことで、イスラエルと世界各地のユダヤ人に「私はあなたたちと価値観を共有しています」というメッセージを送った。彼は就任演説で、親イスラエル政策を基調とすると宣言したのである。

彼のイスラエル政策で最も大きな波紋を呼んだのは、2018年5月14日に在イスラエルの米国大使館をテルアビブからエルサレムへと移転させたことだろう。

エルサレムは、ユダヤ教徒にとっての聖地であると同時にイスラム教徒にとっても大事な聖地である。イスラエルが首都として主張する一方、パレスチナもエルサレムの東半分を将来の国家の首都としている。この地をめぐって深刻な対立が繰り返されてきたため、国際社会はエルサレムをイスラエルの首都と認めておらず、各国もエルサレムに大使館を置くことはしてこなかった。

そのようなイスラム教の国々の琴線に触れるような土地に、トランプは米国大使館の移転を強行したのである。根強い親イスラエル感情が引き金になったのは言うまでもない。

実は、米国議会は1995年10月に、エルサレムを「イスラエルの不可分の首都」と認め、テルアビブからの米国大使館移転を承認する法律を可決している。しかし、この法律を実施すると中東での大混乱は避けられないため、歴代の大統領は6カ月ずつ、法律の施行を遅らせる大統領決定を行っていたのだ。ところが、そうした二枚舌はトランプの性に合わなかったようだ。

イスラエルにとっては「首都・エルサレム」という悲願に大きく近づいたわけだが、当然、パレスチナ自治政府は激しく反発、ガザ地区では流血のデモが起き、中東和平は一気に遠のいたのではないかと思われた。

2020年1月28日、トランプは独自の中東和平案を発表した。

ほぼイスラエル側の主張を丸呑みした内容で、いわく、パレスチナ独立国家の樹立は認めるものの軍備は認めない、エルサレムは東エルサレムも含めイスラエルの首都とし、パレスチナは分離壁の外側のエルサレム周辺地域を首都とする、ヨルダン川西岸のイスラエル入植地はイスラエルの領土とする、など、到底パレスチナ側に受け入れられるものではなかった。ガザ地区、ヨルダン川西岸や東エルサレムではパレスチナ人による抗議行動が続き、死傷者も出た。

これまでの中東和平への長い道のりを一気に破壊するようなトランプの和平案に対し、各国の動きはまちまちだった。イラン、トルコ、ヨルダンが反対を表明したのに対し、サウジアラビアやエジプトは、アメリカの仲介を評価してパレスチナ側に和平案の検討を促すという、アメリカ側への配慮を全面に押し出す対応を見せた。アラブ諸国の足並みの乱れに乗じて、トランプは親イスラエル外交を一気に推し進める。

トランプの仲介によって、2020年9月にUAEとバーレーンがイスラエルと外交関係を樹立すると、続く10月と12月には、それぞれスーダンとモロッコがイスラエルとの国交樹立に合意する。イスラエルを承認するアラブ諸国がそれまでの2カ国から一気に6カ国へと増えたのだ。

イスラエルは中東における生存権の確保に大きな成果をあげた。トランプの強烈な後押しがなければ成し得なかったことである。

イランへの強硬姿勢も、同国がイスラエル国家を否定しレバノンのヒズボラやガザ地区のハマスを支援していることと無縁ではない。核開発を続けるイランはイスラエルにとって大きな脅威なのである。

なぜトランプはこれほどまでにイスラエルに肩入れをするのか。やはり、彼の白人至上主義・人種差別的皮膚感覚を無視することはできない。

〝人種主義という妖怪〟を復活させた

トランプの登場によって、アメリカの底流で眠っていた差別意識が、その姿を現したと言ってもいいだろう。外務省の元事務次官、藪中三十二の当時の分析が興味深い。

〈今日、アメリカは完全に分断国家となっている。ニューヨークとカリフォルニアに代表される東部・西部の沿岸州とその間に位置する中西部、南部の諸州に分断されており、まるで二つの国家がそこにはあるようである。カリフォルニアではすでに白人がマイノリティー、少数派となっている。もともとアメリカは多民族国家として成立してきたが、基本的に白人が多数を占め、権力を握ってきた。ところが、二十一世紀のアメリカの経済成長の原動力を担うニューヨークとカリフォルニアなどの沿岸州ではアジア系の中国人やインド人、そしてヒスパニックの人々が増え、勢力を増大してきている。一方、中西部などは白人がいまだ圧倒的に多数派だが、新しい経済成長の波から置き去りにされ、経済的にも苦しい人たちが増大している。今回、トランプ大統領を生み出したのは、そうした二十一

世紀の波から置き去りにされたと感じる人たちの反乱であった。〉（藪中三十二『トランプ時代の日米新ルール』（PHP新書）

2017年8月13日、米国東部のバージニア州シャーロッツビルで白人至上主義者と反対派が衝突し、死傷者が発生した事件を記憶しておられるだろうか。シャーロッツビルにあるロバート・E・リー将軍像の撤去計画をめぐる対立が引き金となった。

リー将軍とは、南北戦争で南軍を指揮した英雄である。南部は奴隷制擁護を掲げて米政府と戦っており、その意味ではリー将軍はアメリカの黒人差別・人種差別の暗い歴史のシンボルであり、撤去を求める声がやまないのである。かたや、像の撤去はアメリカの歴史と文化の否定であるとして撤去に反対する集団が複数存在する。

2020年もアメリカでは、警官による黒人男性殺害や不当な銃撃などが相次ぎ、そのたびに街中は人種差別に抗議する人々であふれかえった。アメリカの差別の歴史を肯定する人々の集団と、各地で終わらない衝突が繰り返されている。

1950年代から1960年代にかけて広がった公民権運動によって、アメリカの人種差別は克服されてきたはずだった。しかし、その克服はあくまで表層にすぎず、米国社会の底流にはいまだに差別意識が渦巻いていたことを米国民は思い知ることになる。

２０１７年、シャーロッツビルでの衝突事件後の8月15日に行われた記者会見でのトランプの発言が興味深い。

〈トランプ米大統領は十五日、米南部バージニア州シャーロッツビルで白人至上主義者らと反対派が衝突した事件について「責任は双方にある」との認識を示した。（中略）トランプ氏は、白人至上主義者による集会が事件を招いた経緯を問われ「ネオナチや白人至上主義者らは非難されるべきだ」としながらも、「悪人ばかりではない。双方に素晴らしい人々がいた」と強調。互いに暴力をふるっていたとの認識を示した上で「双方に責任があると思う。疑いの余地はない」と語った。〉（２０１７年8月16日『東京新聞』夕刊）

その後、トランプは「美しい像や記念碑を撤去することで、われわれの偉大な歴史と文化が引き裂かれるのを見るのは悲しく思う」とツイート。論点を白人至上主義から南部英雄像撤去問題に矮小化しようと試みたが、渦中の像を「美しい」と称することの影響をトランプは読み誤っていたのか、あるいは確信犯だったのか。当然ながら、トランプのこうした姿勢は多くの米国民から批判を浴びつつ、一方で一部の人種主義者を勇気づけてきた。

行間の意を汲み取れと言わんばかりのトランプの言動によって白人至上主義の台頭は顕著になり、トランプ政権下でアメリカの社会的分断は悲劇的に進行した。ジョー・バイデンは「分断された国を癒やす」ことを掲げてトランプを打ち破った。しかし、最後までトランプとの間で接戦が繰り広げられた事実は重い。人種主義という妖怪は、今のうちに封じ込めておかなければ、21世紀に禍根を残す危険があるのだ。

第四章

金正恩

先代とは異なる狡猾さと剛腕

2021年1月10日、朝鮮労働党第8回大会の席上で、金正恩・朝鮮労働党委員長は、祖父・金日成と父・金正日の代名詞でもあった「総書記」の肩書を継いだ。2012年の党代表者会で亡き父・正日を「永遠の総書記」と呼び、「総書記」を〝永久欠番〟にすることを決めたのは正恩自身だった。この長らく空席となっていた総書記のポストに正恩が就いた。

2020年には公の場にもほとんど姿を現さなくなり、一時は〝健康不安説〟や、果ては〝死亡説〟まで流れた北の地の最高権力者に、どのような心境の変化があったのか。

2021年1月10日未明には、異例の夜間軍事パレードを行い、かつてない大きさの大陸間弾道ミサイル（ICBM）がお披露目された。果たしてこれが実際の打ち上げと大気圏の再突入に耐えうるものなのかは、検証を待たなければならないが、いずれにしても長引く経済制裁と輸出制限で苦境にあえぐ小さな国が、経済大国であるアメリカと対等に渡り合うための交渉カードのひとつが、このICBMであることは間違いない。実際、北朝鮮は2022年に7回、射程5500キロ以上のICBM級のミサイルを発射しており、2023年に入ってからも複数回の発射実験を行っている。

そして、もうひとつのカードが、正恩が決して手放そうとしない核兵器である。この「核のカード」で、中国やアメリカといった大国を翻弄し、ついに父親もなし得なかった米朝首脳会談の実現にまでこぎつけた北の独裁者の手腕をひもときたい。

求愛を恫喝《どうかつ》で示す

北の独裁者と経済大国・アメリカの〝独裁者〟だったトランプ前大統領は、非常によく似ていた。そのため、磁石のN極とN極のように反発し合いつつ、両者の波長は不思議にマッチして、奇妙なセッションを奏でてきた。それは時として外交の常識では考えられないような罵り合いのセッションとなり、時としていきなり蜜月ムードの親愛セッションにも転調する。

北朝鮮がいくつものミサイル発射に水爆実験までやってのけた2017年当時に繰り広げられた、両国の激しい罵り合いからは、わずか数カ月後にシンガポールで史上初の米朝首脳会談が開かれることになるとは、多くの人には想像できなかったに違いない。

金正恩には「求愛を恫喝で示す」という独特な表現様式がある。そのことを理解しておかないと、北の独裁者に振り回され続けるだけに終わってしまう。

実際、２０１７年8月29日早朝、北朝鮮が中距離弾道ミサイル（ＩＲＢＭ）を発射した時の日本政府の対応は過剰であった。マスコミと世論は一種のパニック状態に陥ったが、これでは弾道ミサイル実験に日本が震え上がっているという印象を北朝鮮側に与えるだけである。常に冷静に事態を分析すべきだ。

当時大騒ぎした弾道ミサイル発射について、国際法的に考察しておきたい。

領土と領海の上には、国家主権が及ぶ領空がある。これに対し、領空のさらに上の宇宙空間には国家主権は及ばない。とはいえ、「地上＊＊キロメートルまでの上空を領空とする」というような国際法の規定はない。大気圏外が宇宙とされているので、地上１００キロメートルを超えると宇宙空間とみなされるのが通例だ。

国際法では、航空・船舶航行の安全のために弾道ミサイルやロケットの打ち上げで公海を用いるときは事前に公表し、危険海域を設定することが定められている。この条件を守った上で、日本上空を多くの回数、弾道ミサイルやロケットが飛行している。もちろん、その都度、上空をミサイルが通過した、などと大騒ぎはしない。

日本に向けたミサイル発射の意味

北朝鮮は当時、予告なしで弾道ミサイルを打ち上げており、この点で国際法に違反している。さらに北朝鮮は国連安全保障理事会の決議で、弾道ミサイルやロケットの打ち上げが禁止されているので、この点も違反行為である。

ちなみに、先端に弾頭が搭載されるか搭載されることを目的とする場合は弾道ミサイルとなり、人工衛星や宇宙船などの兵器でないものを搭載する場合はロケットと呼ばれる。弾道ミサイルもロケットも基本技術に変わりはない。

つまり、北朝鮮が国連安保理決議と国際法に違反したことは明らかであるが、これに加えて、日本の領空を侵犯したのか否かが日本にとっては重要な論点になる。

当時の小野寺五典防衛大臣は、記者団に対して〈日本の領空を約2分間飛翔したが「わが国に飛来する恐れがない」と判断し、自衛隊法に基づくミサイル破壊措置は実施しなかったと説明した。〉（２０１7年8月29日『朝日新聞デジタル』）。

政府ははっきりと「北朝鮮による領空侵犯が行われた」とは非難していない。おそらくかなり高いところを北朝鮮の弾道ミサイルが通過したので（一部の報道によると５００キロメートル）、領空侵犯と非難したところで「宇宙空間だろう」

という批判を招くとわかっていて、2分間の「領空侵犯」に焦点を当てようとしなかったのだろう。

政府は北朝鮮が領空侵犯をしたという認識があるのであれば正々堂々と主張すべきであるし、領空侵犯と主張し切れないのであれば、日本の上空通過と領空侵犯を混同させ、国民の不安を過度に煽る説明をすべきではなかった。

広範な地域でJアラートを鳴らして国民に不安を与え、操業短縮や休校などで日本の経済や教育にも打撃を与えた。日本政府の明らかな過剰反応を見て、北朝鮮はさぞや満足していたことだろう。

しかし、そもそも金正恩の目的は日本を震え上がらせることでもなんでもなかった。彼の目的は、弾道ミサイルの発射を繰り返し、挑発することでアメリカを交渉のテーブルに引っ張り出すことにあったからだ。

したたかな金正恩の「口撃」

2017年7月、北朝鮮は、2発の大陸間弾道ミサイル（ICBM）を発射させた。アメリカが最も神経をとがらせるのが、米本土が射程距離に入ってしまうこのICBMである。同年9月22日、アラバマ州の共和党上院議員を応援する集会で、トランプはこう切り出したという。

〈「ところでロケットマンだが、もっと前に何とかしておくべきだったんだ」〉（2017年9月26日『朝日新聞デジタル』）

エルトン・ジョンの名曲『ロケット・マン』にこじつけて、トランプは北の指導者をそのように呼んでいた。

〈トランプ氏は、聴衆の喝采の大きさに少し間を置き、にこっと笑って続けた。「私が何とかする。小さなロケットマンは、巨大な兵器を太平洋上で爆発させると言っている。みなさんは大丈夫だ。危険な目に遭わせない」。また拍手が沸いた。

トランプ氏は9月19日、米ニューヨークで開かれた国連総会での各国代表による演説でも、「ロケットマンは自殺行為をしている」と批判した。「米国と同盟国の防衛を迫られれば、北朝鮮を完全に破壊せざるを得ないだろう」

北朝鮮は激しく反発した。金氏自ら異例の声明を朝鮮中央通信を通じて21日に発表し、「トランプ」となんども呼び捨てにしながら「過去の米大統領たちが決してしなかった無礼でばかげた演説だ」と批判。「自分の道は正しいと確信した。宣戦布告に対する史上最高の超強硬措置を真剣に考える」と述べた。〉（同前）

金正恩がトランプの声明に激しく反応したのはなぜか。トランプがかまってくれたのがうれしかったからである。うれしさのあまり「恫喝」に走った。

その後も、北朝鮮からの挑発的なメッセージは続く。

同年9月30日には、朝鮮中央通信を通じて「史上最高の超強硬措置」を警告した正恩の声明について「最後通告であり、米国の狂った老いぼれを火で鎮める超強硬的立場を厳粛に宣言した重大警告だ」と説明したのである。「最後通告」とは通常、戦争直前に出されるものだ。もはや開戦前夜かと、日本のマスコミは大騒ぎしていたが、アメリカの外交当局はさすがにこんな挑発には乗らなかった。

同日、アメリカのティラーソン国務長官が、中国の北京で記者団に対して興味深いことを述べている。

〈米国務長官は30日、核・ミサイル開発を進める北朝鮮と「二、三の対話ルートを持っている」と述べ、両国間で接触をしていることを認め、北朝鮮が米側と対話に臨む用意があるのかを「探っている」と述べた。（中略）ティラーソン氏は「対話のルート」が具体的にどのような枠組みを指しているかは名言しなかった。ただ、北朝鮮に影響力を持つ中国を通じてではなく「米国自身のチャンネルだ」と強調した〉（2017年9月30日『朝日新聞デジタル』）

トランプと金正恩が口汚く罵り合っている一方で、ティラーソン国務長官が米国独自の「対話のルート」があることを明らかにしたことには大きな意味がある。

金正恩が「超強硬措置」の声明を出した直後の9月21日、国連総会に出席するためにニューヨークに滞在していた北朝鮮の李容浩外相が「太平洋での水爆の地上実験」の可能性について言及した。現実には、太平洋上まで水爆を運搬する手段がないので、明らかに脅しにすぎないが、こうした状況下で、「米国独自のチャンネル」を使って米国と北朝鮮の職業外交官が信頼関係を構築して交渉を行えば、どこかで妥協点を見出すことが可能になるからだ。

外交官には、「話し合い」が始まれば、そこから何らかの合意を得ようとする職業的良心があるからである。

この時点で、アメリカが主張する核兵器の完全廃絶を北朝鮮がのむ可能性は皆無だった。そうなると、選択肢は大きくわけて二つになる。

アメリカが武力で北朝鮮の核施設を破壊する、もしくは金正恩体制を打倒するという強硬シナリオ。もう一つは、北朝鮮の核保有を認めた上で米本土が射程圏内のＩＣＢＭを廃棄させるだけで妥協するという軟着陸のシナリオである。

実際にトランプは武力攻撃を示唆するような過激な発言を繰り返していたとはいえ、一つ目のシナリオが選択されることはまずありえない。２００万人以上の死者が想定される第二次朝鮮戦争を引き起こすような事態をアメリカが望むわけがない。アメリカの先制攻撃によって韓国にいる米国人が数百人死ぬような事態になれば、政権が吹っ飛ぶことは間違いないからだ。

そうなると、二つ目のシナリオに限りなく近づいていく。金正恩がＩＣＢＭを手放せば、米本土の脅威は除去される。しかし日本全土は北朝鮮の中距離弾道ミサイルの射程圏内に入っているので、日本は北朝鮮の核の脅威にさらされ続けてしまう。アメリカが日本を置き去りにするリスクと常に背中合わせであるということを忘れてはならない。

いずれにしても、金正恩は核兵器とＩＣＢＭをカードにして恫喝を続けていれば、トランプ大統領が振り向いて付き合ってくれるという確信を深めていた。果たして、事態はそのように動いていったのである。

「アメリカからの攻撃で国家壊滅」を理解

水爆実験やミサイル発射を繰り返していた２０１７年当時の北朝鮮のメッセージを読み解いてみよう。

まず一つ目は、９月７日に掲載された『朝鮮中央通信』を転載した「朝鮮労働党の並進路線がもたらした歴史的快挙」と題するニュースだ。
〈（前略）水爆実験の成功は、共和国の自主権と生存権、発展権を脅かして暴悪非道にのさばる米帝と敵対勢力の鼻っ柱をこれ見よがしにへし折った民族の大慶事であり、朝鮮労働党の並進路線がもたらした歴史的快挙である。（中略）米帝が少しでも動けば、水爆を装着したわれわれの大陸間弾道ロケットが米国という呪わしい侵略国家を丸ごと火の海に作る光景が今にでも見えるようで興奮した気持ちを禁じ得ない。〉

並進路線とは、核開発と経済建設を同時に進めていくという金正恩政権の国家ドクトリンである。

ここでのポイントは、〈われわれのロケットが米帝を丸ごと火の海に作る光景が今にでも見えるようで〉というところにある。

つまり、北朝鮮はこの段階で、まだ、大陸間弾道ミサイル（ＩＣＢＭ）を完全には完成させていない。長距離ミサイルにおいては、大気圏に再突入させるための技術が必要だが、北朝鮮のロケットはこの再突入に成功していないのではないかと見られていた。この発信からはＩＣＢＭは完成していないが、もはや完成目前なんだぞ、というメッセージが読み取れる。こういう表現でＩＣＢＭが完成する前に取り引きをしようと金正恩労働党委員長がトランプ大統領に呼びかけていたのである。

次に注目したいのは、9月8日に掲載された朝鮮人民軍幹部の「敵を全滅させるであろう」と題する談話だ。

〈地球を震撼させわが民族史に記されるべき大勝利がまたもや収められた。爆弾宣言のような今回の水爆実験の大成功で、先軍朝鮮はわれわれの自主権と生存権、発展権を抹殺しようとする敵に今一度鉄槌を下した。米国の戦争狂らは、われわれの各武器の設計及び製作技術が核爆弾の威力を打撃対策と目的に従って任意に調整できる高い水準に達しており、すでに米本土と太平洋作戦地帯が白頭山革命強兵のせん滅的、かつ容赦のない核打撃圏内に完全に置かれていることを直視しなければならない。

我が人民軍は、天下第一の名将である敬愛する最高司令官金正恩同志を高く戴いて必ず勝利するという確固不動の信念をもって戦闘準備にいっそう拍車をかけ、一旦命令さえ下されれば一気に駆けつけて敵を全滅させるであろう。　朝鮮人民軍軍官　ハン・ジュヒョク〉

「米本土が核打撃圏内にある」というのは虚勢にすぎない。むしろ重要なのは、

〈一旦命令さえ下されれば一気に駆けつけて敵を全滅させるであろう〉という宣言だ。裏を返せば、金正恩委員長の命令がない限り、軍は動かないというシビリアンコントロール（文民統制）の原則を確認していることになる。

いずれのメッセージも、きちんと読み解けば、北朝鮮としては、1日でも早くアメリカと交渉を始め、金正恩体制を武力で崩壊させないという約束を取りつけたい、という意図がにじんで見える。

つまり、アメリカとの正面衝突になれば北朝鮮国家が壊滅するということを、金正恩は正確に理解していた。

生命至上主義と無縁

一方、こうした局面で強く現れるのは、「北の強さとアメリカの弱さ」であろう。

北朝鮮の強さとは、生命至上主義を物事のルールから外せるところにある。アメリカであれ日本であれ、民主主義の国々は、個人主義、生命至上主義、合理主義という三つの原理を行動の基準にする。ところが、多数の自国民が犠牲になろうともおかまいなしに核兵器を使用するような国では、選択肢の幅がきわめて広くなる。

皮肉なことに、アメリカの弱さは、生命至上主義、米国型民主主義である。韓国に20万人はいるというアメリカ人の生命や財産を犠牲にするようなことはできないため、北朝鮮への先制攻撃といった選択肢はとりようがないのだ。

１９９４年の北朝鮮危機の時にクリントン政権で国防長官を務めていたウィリアム・ペリーが、２０１７年11月14日、『朝日新聞』記者のインタビューに次のように答えている。

〈(94年と比較して、今は) はるかに深刻です。北朝鮮はいまや核兵器を保有しています。(中略) (米国の先制攻撃について) 政府は、一つのオプションだと言うでしょう。ですが、それが実行可能だとは私には思えません。(米国が) 軍事力を行使するのは、北朝鮮が最初に仕掛けた場合ですが、それが起きることはないと思っています。危険なのは米国も北朝鮮も戦争勃発を望んでいないにもかかわらず、戦争に、あるいは核戦争に図らずも突入してしまうことです」「我々が強烈に北朝鮮を威嚇し、北朝鮮が自分たちの指導者を狙った先制攻撃を米国がまもなく仕掛けてくると信じ込めば、自暴自棄になって最初に兵器を使ってくるかもしれません。米国や韓国、北朝鮮が意図して戦争を始めたいと思っていなくても、米側、あるいは北朝鮮側の、誤算によって意図しない戦争に突入しうると私は懸念しています」〉（11月30日『朝日新聞デジタル』）

当時の北朝鮮をめぐる危機は、実はこれほどまでに高まっていた。

ハッタリをかます

年が明けて2018年1月1日、金正恩の「新年の辞」の中に、平昌冬季五輪を前に南北融和に向けたメッセージが現れた。北朝鮮政府が事実上運営しているポータルサイト「ネナラ（我が国の意）」に全訳が掲載されているので引用する。

〈今は、互いに背を向けて自分の立場を表明する時ではなく、北と南が対座して「わが民族同士」で北南関係改善の問題を真摯に議論し、その活路を果敢に切り開くべき時です。南朝鮮で近く開催される冬季オリンピック競技大会について述べるなら、それは民族の地位を誇示する望ましい契機となるであろうし、われわれは大会が成功裏に開催されることを心から願っています。こうした見地からして、われわれは代表団の派遣を含めて必要な措置を講じる用意があり、そのために北と南の当局が至急会うこともできるでしょう。同じ血筋を引いた同胞として、同族の慶事をともに喜び、互いに助け合うのは当然なことです。〉

金正恩はナショナリズムをはしごとして、南北の緊張を緩和しようとする。それが意味するところは、日本に対する「敵のイメージ」の強化と共有である。

その上で、大陸間弾道ミサイル（ＩＣＢＭ）による核攻撃についてハッタリをかましている。

〈まさに1年前、私はこの席で党と政府を代表して、大陸間弾道ロケット試験発射の準備が最終段階で推進されているということを公表し、この1年間、その履行のための数次にわたる試験発射を安全かつ透明に行って確固たる成功を全世界に証明しました。〉

〈アメリカ本土全域がわれわれの核打撃射程圏にあり、核ボタンが常に私の事務室の机の上に置かれているということ、これは決して威嚇ではなく、現実であることをはっきり知るべきです。〉

確かに北朝鮮は米本土に到達可能なＩＣＢＭを持っている。しかし、核弾頭の小型化と、大気圏再突入に耐える爆弾の開発には成功していないというのが多くの専門家の分析だった。しかし、このハッタリにトランプがツイッター上で反応した。

〈食料に飢え、枯渇した（北朝鮮の）政権の誰か、私も核のボタンを持っていると彼（金正恩）に知らせてくれ〉とし、〈しかし、私のは彼のよりももっとずっと大きく、パワフルだ。そして私のボタンは機能する。〉と牽制した。

プーチンが「熟練政治家」と評価

こうした一連のやりとりの中で、ロシアのプーチンが朝鮮半島の情勢への興味深い認識を示した。ロシア政府が事実上運営するウェブサイト「スプートニク」（日本語版）がプーチンの２０１８年1月11日のモスクワでの記者会見の発言を次のように報じている。

〈プーチン氏は、新年初めの現時点での朝鮮半島情勢をどう評価するかとの質問に答え、「言うまでもなく、このゲームに金正恩氏は勝ったと私は思う。金氏は戦略的課題を解決したのだ。つまり、金氏のもとには核爆弾があり、１万３千キロという世界規模の射程を持つミサイルがある。このミサイルは、事実上地球のどの地点にも到達可能で、金氏にとって想定される敵国領土のあらゆる地点に、どのような場合でも届く性能をもつものだ」と述べた。

またプーチン氏は現在金氏が「情勢を浄化し、緩和し、沈静化させる」ことに関心を持っているとして、「金氏は全くしっかりとした、すでにれっきとした熟練政治家だ」とも述べた。〉

大陸間弾道ミサイル（ＩＣＢＭ）が使用可能な完成度に到達していないとしても、もはや完成は時間の問題であり、言い換えるならば、この期間を過ぎるとアメリカは核ミサイルの脅威にさらされるため、北朝鮮を攻撃することはできなくなる。アメリカとしても、このタイミングを逃すことはできないはずだ、というプーチンの読みは正しかった。

トランプが金正恩との対話を模索し始めた。

〈トランプ大統領は11日、米国ウォール・ストリート・ジャーナル（電子版）のインタビューに対し、北朝鮮の金正恩・朝鮮労働党委員長と「おそらくとても良い関係にある」と語った。金氏との直接対話の可能性を排除しない考えを改めて示した。（中略）

インタビューでトランプ氏が金氏を「小さなロケットマン」と強く非難してきたことを問われ、「突然私の親友になったたくさんの例がある。私はとても柔軟な人間だ」と語り、関係改善に自信を見せた。〉（２０１８年1月12日『朝日新聞』朝刊）

トランプが北朝鮮に対し妥協の姿勢に傾いたのには、実は中東情勢が深く関係している。なぜなら、中東情勢が悪化すると米国外交はそれにエネルギーのほとんどを費やさざるを得なくなり、北朝鮮に宥和的姿勢を取らざるを得なくなるのだ。そして、当時はトランプが在イスラエル米国大使館のエルサレム移転を指示したことで中東情勢が一気に緊迫していた。結果、トランプは北朝鮮と妥協する必要に迫られることになり、米朝の緊張が緩和していったのだ。

米朝対話に向けたムードの中、平昌冬季五輪の機会を利用した北朝鮮とアメリカとの会談実現に向けて韓国が動いた。北朝鮮が韓国に仲介を依頼したものと思われる。これにより、開会式出席のために訪韓中のペンス副大統領と、金正恩の実妹である金与正との会談が行われることになったが、会談の2時間前になって北朝鮮側が急遽《きゅうきょ》中止を申し入れたために実現しなかった。なぜ、金正恩はこの大きなチャンスを自ら潰してしまったのか。

〈ホワイトハウス高官は「北朝鮮側は会談を恐れて逃げ出したか、真剣に実現するつもりがなかったのだろう」と分析した。〉（２０１８年2月21日『朝日新聞デジタル』）との報道があるが、北朝鮮はおそらく、アメリカがこのタイミングで北朝鮮の面会要請に応じたことそれ自体で満足したのだろう。

アメリカには自分たちと対話する意思が間違いなくある。それが確認できたことで、正恩はひとまず獲得目標を達成したのだ。

ここから、金正恩の積極外交の幕が開ける。

南北首脳会談とジャパン・パッシング

2018年3月5日、金正恩は韓国大統領府の鄭義溶国家安保室長と平壌で会談し、南北首脳会談の開催に合意する。開催は4月末、開催場所は軍事境界線上にある板門店の韓国側にある「平和の家」、ということまで決められた。北朝鮮はこの会談で、対話が続いている間は核実験や弾道ミサイルの試験発射などを再開しないと明言したという。

〈正恩氏は、日韓合同軍事演習は延期できないとする韓国側の説明に「4月に例年通りの水準で実施することを理解する」と表明。「半島情勢が安定して、演習を調整できることを期待する」と述べた。

正恩氏が固執してきた核開発についても「非核化が先代（金日成国家主席、金正日総書記）の遺訓であることに変わりはない」と述べたという。正恩氏が非核化に言及するのは初めて。〉（2018年3月6日『朝日新聞デジタル』）

これまでの南北首脳会談は、韓国大統領が北朝鮮を訪れるという形で実現していた。ところが今回は、軍事境界線上の板門店で、しかも共同警備区域内ではあるが韓国側の施設で行うことに合意したのだ。これも、金正恩の大幅な譲歩である。つまり、それだけ譲歩しても得られる見返りのほうが大きいと正恩は計算していた。

トランプも、この南北首脳会談の開催合意を「非常に前向きだ」と評価し、これで事態が改善するのであれば「世界や北朝鮮、朝鮮半島にとって素晴らしいことだ」と述べている。アメリカが「制裁と圧力」から「対話と妥協」に向けて変化しつつあるのは明らかだった。

一方、日本政府にとって、南北首脳会談開催のニュースは青天の霹靂《へきれき》だったようだ。これまで日韓米で協力して北朝鮮に圧力を高めていたはずが、突然はしごを外された形になり、当時の菅義偉官房長官は7日の記者会見で懸念をあらわにした。

〈「北朝鮮との過去の対話が非核化につながってきていない教訓を十分踏まえて対応すべきだ。対話のための対話は意味がない」〉（2018年3月7日『朝日新聞デジタル』）

北朝鮮対応における日本外し（ジャパン・パッシング）は、以降も続いていくことになる。

そして、金正恩はいよいよ史上初の米朝首脳会談に向けて足場を固めつつあった。3月8日夜（日本時間9日午前）、韓国大統領府の鄭義溶国家安保室長は、訪問先のアメリカで、トランプが金正恩からの要請を受け入れて米朝首脳会談に応じる意向を示したことを、記者団に向けて明らかにした。続いてトランプも、ツイッターでこの計画の存在を認める。

米朝首脳会談に向けた基本合意を最初に発表したのがアメリカではなく韓国であったということの意味は小さくない。藪中三十二・元外務事務次官の指摘が鋭い。

〈非常に象徴的だったのは、初の首脳会談を5月までに開くという歴史的な発表を、トランプ氏でもなく、マクマスター大統領補佐官でもなく、訪米中の韓国大統領府の鄭義溶国家安保室長が、記者団やカメラの前で行ったことです。韓国が米国の信頼を得て、戦略的にことを進めたことがうかがえます。〉（2018年3月10日『朝日新聞』朝刊）

ここでも日本は完全に蚊帳の外に置かれている。トランプは親北朝鮮、反米的と見られていた、当時の文在寅政権のほうを重視した。トランプ外交の特徴はプラグマティズムであり、当時の安倍晋三政権のようなイデオロギー重視の外交では、常にはしごを外される危険があったという事実を冷静に分析する必要があるだろう。

大国・中国も手玉に取る

金正恩は、史上初の米朝首脳会談を前に、さらなる攻勢に打って出た。2018年3月25〜28日に中国を電撃的に訪問したのである。

南北首脳会談のみならず米朝首脳会談までもが韓国の仲介によって決まったことに中国が焦りを覚えていたのは間違いない。そこに金正恩は巧みにつけ込んだ。

伝統的に、北朝鮮との友好政策を維持してきた中国だが、近年は非難の応酬が続き、中朝関係は冷え込んでいた。北朝鮮の頑なな対応に中国の政権に近い学者も平然と金正恩政権の崩壊に言及するようになっていた。北京大学国際関係学院の賈慶国《チャンチンオク》院長が発したメッセージもそのひとつだ。

〈北朝鮮は中国の重大な安全保障上の利益を顧みず、核開発を進めている。これ以上配慮しなければならない必要がどこにあるのか。

中国は北朝鮮を守ろうとしてきた。しかし、北朝鮮は核兵器以外、何も信じない。「それは違う。核を放棄すれば、安全が保障されるよう中国が各国を説得す

るから」と話してきたが、彼らは聞き入れない。〉（2017年9月24日『朝日新聞』朝刊）

すっかり冷え込んでいたはずの中朝関係だが、この金正恩の電撃訪問で事態は一気に好転した。会談の内容を見てみよう。

〈米朝会談を前に、貿易紛争などで米国と対立し朝鮮半島の緊張緩和を訴える中国の理解を得たことで、北朝鮮は外交戦で一定の成果を得た。（中略）習氏は26日の会談で、米韓との首脳会談を控えるタイミングでの正恩氏の訪中を「特殊な時期で意義は重大だ」とし、中朝の友好関係について「簡単に変えるべきではない」と指摘。（中略）正恩氏は「米韓が我々の努力に善意で応え、平和の実現に向け段階的な措置をとれば非核化の問題は解決できる」と主張。〉（2018年3月29日『朝日新聞デジタル』）

南北首脳会談、そして史上初の米朝首脳会議への段取りは整った。いよいよ日本は蚊帳の外に置かれたまま、北朝鮮、韓国、中国、アメリカで、北朝鮮の核開発問題について処理する枠組みができあがりつつあった。日本外交の大敗北である。

コロナとバイデン大統領という逆風

２０１８年4月27日、軍事境界線上の板門店で、南北の首脳が互いに38度線を越え合ってみせた歴史的シーンはみなさんの記憶にも鮮明に残っていることだろう。

続けて、6月12日には、シンガポール・セントーサ島で米朝首脳会談が実現し、金正恩とトランプは共同声明に署名した。

共同声明では〈朝鮮半島の永続的かつ安定的な平和体制の構築に共同で努力する〉との文言が入った。米国が北朝鮮に求めていた「完全かつ検証可能で不可逆的な非核化」（ＣＶＩＤ）が共同声明に盛り込まれなかったことは、トランプの大幅な譲歩の結果であるが、つい数カ月前に口汚く罵り合っていた2人の独裁者は、お互いの成果に満足していた。

〈トランプ氏は署名式で「我々は期待をはるかに超えることをやり遂げた」と自賛。正恩氏は「世界はおそらく重大な変化を見ることになるだろう」と語り、トランプ氏に謝意を表した。〉（２０１８年6月12日『朝日新聞デジタル』）

その後、２０１９年2月にはベトナム・ハノイにて2度目の米朝首脳会談開催、続く4月にはウラジオストクで初の露朝首脳会談が実現した。6月には大阪で開かれていたG20サミット出席後に韓国を訪問したトランプが、金正恩に呼びかけ、急遽、史上初の南北米の3者会談が板門店で実現する（トランプは金正恩と2人で会うつもりだったが、ホストである文在寅が自分が同席しないのは不自然だとして半ば強引に居合わせた結果の3者会談となったようだ）。

金正恩の見事な外交攻勢で、北朝鮮をめぐる情勢は大きく動いた。

しかし、2020年に入ると、南北の雪解けムードは大きく後退する。世界中が未曾有のコロナ危機に襲われるなか、脱北者が体制批判のビラを風船やドローンで撒き散らしていることに神経を尖らせた北朝鮮側は、南北首脳会談の大きな成果であった開城の南北共同連絡事務所を破壊、対話拒否の姿勢を鮮明にした。

独裁者同士のツートップで突き進んでいた米朝会談も、その後はプツリと途絶えたまま、トランプ政権は終焉を迎えた。トランプ式トップ会談に批判的なバイデン米国大統領をいかに交渉のテーブルに引きずり出すか。北の独裁者は次なる計画を思いめぐらせているはずだ。

ウクライナ情勢に乗じて、ロシア・カードを最大限活用

金正恩は北朝鮮国家の存続を保証できるのはアメリカだけと考えている。しか

し、バイデン大統領は北朝鮮を相手にしない。この状況で、金正恩はロシア・カードを最大限に活用しようとしている。ウクライナ戦争で米ロ対立が激化している状況に金正恩が巧みに付け込んでいるのだ。

金正恩は2023年9月12〜17日、ロシアの極東を訪問した。今回の訪ロで、金正恩は、朝鮮労働党総書記ではなく朝鮮民主主義人民共和国国務委員長の肩書を用いている。党ではなく国家を代表した訪問であることを強調するためだ。

13日にはアムール州のヴォストーチュヌイ宇宙基地で金正恩とロシアのプーチン大統領との会談が行われた。会談で金正恩は、〈ロシアは今、国家主権を守り、ロシアに敵対する覇権主義勢力から自国の安全を守るための神聖な戦いに立ち上がっています。今、われわれは更なる関係の発展を望んでいます。われわれは、プーチン大統領のあらゆる決定、ロシア政府の決定を常に支持してきました。また、帝国主義に反対する闘いと主権国家の建設のために、常に共に歩んでいくことを願っています。〉（2023年9月13日「ロシア大統領府HP」）と述べ、これまでよりも踏み込んでウクライナ戦争におけるロシアの立場を支持する姿勢を示した。プーチンは朝ロ首脳会談について、〈「幸先がよかった。非常に生産的だ。地域情勢や二国間関係について、非常に率直な意見交換が行われた」と「ロシア

1」テレビで放送された番組で語った。〉(2023年9月13日「イズヴェスチヤ」電子版)。

全体で4時間を超えた首脳会談の具体的内容は、ほとんど表に出てきていない。ただし、9月17日のラヴロフ外相の発言から金正恩の訪ロで朝ロ関係が質的に改善したことがうかがわれる。

〈ロシア側は朝鮮民主主義人民共和国に対する制裁を解除することができるのか、という「ロシア1」テレビのジャーナリスト、パーヴェル・ザルービン氏の質問に対して、ラブロフ外相は、モスクワは西側諸国とは異なり、平壌に対して制裁を課していないことを指摘した。

「われわれは北朝鮮に対する国連安保理が宣言した制裁に関連して、ロシアは北朝鮮に対する制裁を宣言していない。だから安保理に伝えれば、ロシアは北朝鮮と平等で公正な交流を発展させることができる」と述べた。〉(2023年9月17日「イズヴェスチヤ」電子版)。

国連安保理決議による対北朝鮮制裁は存在するが、ロシアが独自にかけている制裁はない。従って、安保理決議の制裁がかかっていない事項について、ロシアは北朝鮮との関係を戦略的レベルで発展させることができる。また、アメリカが国連安保理で新たな制裁を北朝鮮にかけようとしてもロシアが拒否権を発動する可能性が生じた。これは金正恩にとって大きなメリットだ。

日本や欧米のマスメディアは北朝鮮がロシアに武器や弾薬の提供を約束するという憶測を報じているが、国際社会からあえて非難されるような約束をするほどプーチンも金正恩も間抜けではない。ロシアから北朝鮮へは、食料、エネルギー（とくに石油）を供給、非軍事分野の宇宙協力を行う（軍事転用可能であることを織り込んでいる）。北朝鮮はロシアがウクライナで併合した新4州（「ドネツク人民共和国」、「ルガンスク人民共和国」、ザパロジエ州、ヘルソン州）の住宅や道路を建設するための技術者や熟練労働者を派遣するであろう。そこで得たルーブルの報酬でロシアから食料とエネルギーを買い付ける。こうして国力を蓄えて、来るべきアメリカとの交渉に備えているのだ。

第五章

バッシャール・アル・アサド

〝したたかな独裁者〟のリアリズム

ヨーロッパを目指すシリア難民の乗った船が沈み、まだ幼い子どもの溺死体がトルコの沿岸に流れ着いた、あの衝撃的な写真を覚えている人も多いだろう。

シリアの長引く内戦は多くの難民を生み出した。アサド政権、「イスラム国」、反アサドの武装組織自由シリア軍、この三つ巴の内戦によって、40万人近い人々が命を落としたといわれている。また、1000万人近い国民が住む場所を失い、多くが難民となって近隣諸国やヨーロッパへと向かった。シリアの長引く混乱はヨーロッパにとっても深刻な問題である。

シリアの安定が世界にとって重要な課題であることは間違いないが、そのアプローチは各国で異なる。ロシア、イランがアサド政権を支持している一方で、アメリカやサウジアラビア、トルコは、反アサドの立場から自由シリア軍を支援している。

しかしこれは、表面的な捉え方にすぎない。

その深層に目を向けると、シリアが各国にとってどのような意味を持つ土地なのか、さまざまな思惑が複雑に絡み合う様が見えてくる。さらに、各国の思惑を巧みに利用しながら延命してきたシリアの独裁者、バッシャール・アル・アサドの手腕も見えてくるのだ。

国内に大混乱を引き起こし、国土の多くが「イスラム国」や自由シリア軍といった暴力団のごとき集団が跋扈《ばっこ》する無法地帯と成り果てたのちも、アサド政権がなぜ延命し続けているのか。アサドには、自分と同じ部族が住む地域のみを支配し、あとは切り捨てるという割り切った統治によって、かろうじて支配体制を維持してきた〝ヤクザ国家〟の独裁者ならではの生き残り戦略があった。

少数のアラウィ派が権力を握る理由

現在のシリア大統領であるバッシャール・アル・アサドは、1965年生まれである。彼が前大統領である父親のハーフィズ・アサドの死に伴い、その権力を引き継いだのは2000年のことだった。

1960年代、アラブ社会主義を掲げたバアス党が政権を奪い、1970年にバアス党軍部のクーデターによりハーフィズ・アサドが権力を掌握した。アサド政権の特徴は、アラブ社会主義を標榜しつつも、実は伝統的な部族制度に乗っかって、自分たちの部族の地域のみを支配するという姿勢を貫いていることにある。

アサドらシリアのパワーエリートはイスラム教徒のなかでも少数派のアラウィ派である。アラウィ派はムハンマドの血統を受け継ぐことを重視したシーア派に属するということになっているが、キリスト教やシリアの土着宗教の影響も強く受けている。輪廻転生を信じ、メッカ巡礼も行わずに自分たちの神殿を持っている。シリア北西部のラタキア地方の山岳地帯を拠点とする土着的な宗教なのだ。

シリアでは、スンナ派が人口のおよそ79％と圧倒的多数を占めている。シーア派、アラウィ派はわずか12％程度にすぎない。残りの9％はキリスト教徒である。その少数部族であるアラウィ派がなぜシリアの権力を握っているのか。

その原因は、第一次世界大戦後のフランスによる統治政策にある。フランスは、被差別民として社会の底辺にいたアラウィ派を優遇し、彼らを指導層に据えて委任統治を図った。当時の植民地政策の残滓《ざんし》により、少数部族のアラウィ派が今も政権の中枢を担っているのだ。

アサドの父、ハーフィズ・アサド大統領の時代、アラウィ派以外の勢力は徹底的に弾圧された。とくに、1982年2月には、西部のハマ市に拠点を持つスンナ派系原理主義組織ムスリム同胞団に対する大規模な弾圧が行われ、1万～2万人の死者が出たといわれている。ハーフィズ・アサドはこれらの野党勢力を一層し、アラウィ派による独裁国家を築いた。

しかし、独裁国家といっても、圧倒的少数派であるアラウィ派による一部地域

の支配を確立したにすぎなかった。つまり、アラブ社会主義とは名ばかりで、昔ながらの部族体制を維持し、それに基づいた地域支配、具体的にはアラウィ派が拠点を持っていたシリア北西部の山岳地帯と首都ダマスカス周辺のみを支配地域として固めたのだ。

スンナ派などの他の部族の地域は完全に切り捨てて、アラウィ派によるアラウィ派のための国づくりをしたのである。

そして、バッシャール・アル・アサドは父の方法論を引き継いだ。つまり、アサド政権の成り立ちからして、そもそもシリア全土を支配することは不可能だったのである。

「強権的な独裁者」を継承

もともと、バッシャール・アル・アサドは父の後継者になるつもりはなかった。アサドはダマスカスの大学の医学部を卒業後、イギリスで眼科医として働いていた。父の後を継ぐはずだった兄が急死したため、急遽《きゅうきょ》大統領の後継者とならざるを得ず、シリアに戻った。

彼自身は進歩的な教育を受け、西側的価値観の中で生きる青年だった。しかし、アラウィ派による地域支配によってシリア社会を成り立たせるためには、結局は父と同じように血塗られた強権的な支配をしなければならなかった。

アサドにとっては不本意であったに違いないが、シリアのような部族社会を国として維持させるために強権的な独裁者にならざるを得なかったのだ。「中東の狂犬」との異名を持つリビアのカダフィと比較すると、際立つような独裁的な顔がさほど見えてこないことの理由のひとつに、こうした彼のバックグラウンドがあることは間違いない。

一方で、彼が父から権力を受け継いだ当時、シリアは強力な後ろ盾を失い、その基盤がぐらつき始めていた。ソ連の崩壊である。

アラブ社会主義を掲げたシリアとリビアには、かつてソ連という強い後ろ盾があった。KGBで訓練を受けた顧問がソ連から送り込まれ、反体制的な動きが少しでも見えたならば即座にその芽を摘んでいた。ソ連の強大な軍事力によってがっちりと押さえつけられていたことで、シリアにおいてもリビアにおいても、政権はその基盤を維持することができたといえる。

西側諸国による民主主義的な統治とは異なる、適度に強圧的なソ連の支配が、中東の土着部族的な社会には程よくマッチしていたと見ることもできる。中東は、長らく人権ではなく神権の国、神に選ばれし人によって上から統治されることで安定を得てきた社会であった。その内情は実は今もさほど変わらない。中東の土着的な部族制度と独裁政治は非常に親和性が高いのだ。

しかし、ソ連が改革路線へと舵を切り弱体化していったことで、シリアもリビアも後ろ盾を失い、国内の政情が不安定化していくことになる。

「暴力集団」が跋扈《ばっこ》する無法地帯

先述のとおり、アサド政権は当初からシリア全土を掌握していたわけではなかった。そのため、少しでも政権が弱体化すると、権力の空白地帯にはさまざまな勢力が入り込んでくる。

2011年、チュニジアのジャスミン革命を発端としたアラブの春がシリアにも波及、アサド政権と反体制派による泥沼の内戦が始まった。

シリアでは、アサドの父の時代に野党勢力であるムスリム同胞団が根絶やしにされていた。つまり、野党としての政権批判の受け皿がどこにも存在していなかったのである。その結果、アラブの春で強権体制が崩された国は、各地で「イスラム国」や自由シリア軍といった、ならず者の暴力集団が跋扈する大混乱に陥ってしまったのだ。

当時の状況をジャーナリストの池上彰が次のように指摘している。

〈アラブの春によって、最も悲惨な状態に陥ったのはシリアでしょう。アサド政権と反政府軍の内戦により、2013年3月までに3万人以上が死亡しました。一般市民は難民として周辺国に逃げ出しました。その数は50万人。大量の難民が流れ込んでくると、今度は周辺の国々（レバノン、ヨルダン）も不安定な状態になりつつあります。〉（池上彰『知らないと恥をかく世界の大問題4』角川SSC新書）

こうして、シリアの国土はあっという間に無法地帯となってしまった。

2013年8月21日、シリアの首都ダマスカス郊外で、サリンを搭載した兵器が使用され、多数の民間人が犠牲になった。米国政府は、アサド政権が化学兵器を使用したと断定し、米軍による限定的なシリアへの武力攻撃を宣言した。これに対し、アサド政権はサリンを使用したのは反政府軍であると主張、アサド政権の主張に同調したロシアが、シリアの化学兵器を国際監視下で破棄することをアメリカに提案し、米軍による軍事行動はとりあえず回避された。シリアをめぐる大国同士の駆け引きでは、ひとまずロシアに軍配が上がった。

反体制の武装勢力・自由シリア軍を支援してきたアメリカの単独プレイによる武力攻撃を阻止できたことは評価すべきことだろう。一方で問題なのは、こうした状況をアサドが悪用し続けていることだ。

アサドは、ロシアという強い後ろ盾を得たことでこれを最大限に利用し、政権の維持を図っていく。

大統領選の得票率88・7%

その後もシリアの情勢は混乱を極めた。2014年に「イスラム国」と見られる武装勢力によってシリア北部のアレッポで2人の日本人が拘束され、2015年に相次いで殺害されるという痛ましい事件が起きたことは、みなさんの記憶にも衝撃とともに刻まれているだろう。

混乱が続く中、2014年6月3日に行われた大統領選挙で、アサド大統領は88・7%という得票率で3期目の当選を決めた。シリア政府は、この選挙では複数の立候補者がいたことを理由に「民主化が進んだ」と強調した。このような混乱を招いておきながら、なぜこれほどまでに国内の支持が高いのかと不思議に思われるかもしれないが、シリア政府のプロパガンダを額面どおりに受け止めてはいけない。

そもそも、中東の多くの国々において選挙に意味はない。比較的民主的な選挙をしているのはエジプト、イスラエル、ヨルダン、イラン、あとはかろうじてトルコぐらいのものだ。それ以外の国々では、本当に当選する可能性のあるような対抗馬はそもそも立候補できない。不正投票も横行する。最初から結論は決まっているのである。

先述したとおり、人権ではなく神権によって長らく統治されていた中東社会で、民主的かつ公平な選挙を期待するのは難しい。いずれにしても、アサド政権は3期目へと突入した。

このままシリア内戦は混迷を極めるかと思われたが、アサド政権を支持するロシアの軍事介入によって、事態は新たな局面を迎えた。

シリア空爆に踏み切ったロシアの思惑

２０１５年9月30日、ロシアがシリア領内の「イスラム国」勢力一掃のための空爆に踏み切った。プーチンが本格的に軍事介入を決めた背景には、アサド政権を庇護下に置くイランを牽制しておきたいという思惑があった。

イランは、シリアに対する影響力を強化することでイスラエルを牽制するとともに、過去のペルシア帝国のような影響力を中東で回復したいと考えていた。そのためにも、レバノン、シリア、イラク、イランの4カ国でアメリカやイスラエルに対抗できる〝シーア派ベルト〟を構築したいのだ。

一方のロシアは、もう少し乾いた目でシリアを見ている。まずは、アサド政権崩壊後のシリアに権力の空白が生じることを何よりも恐れている。先述のとおり、ハーフィズ・アサド大統領統治時代に反対派が徹底的に弾圧されたため、政権が打倒されても受け皿となる政治勢力が存在しない。そのため、「イスラム国」のような国際テロ組織がやすやすと入り込んでしまうのである。

シリアには19世紀にロシア帝国による支配を嫌って北コーカサス地方から移住

したチェチェン人やチェルケス人の末裔が多く住んでいる。これらの人々は、北コーカサスと今も緊密な連絡を保っている。ロシアは、アサド政権崩壊後の混乱に乗じたテロ組織の台頭が、北コーカサスに飛び火することをひどく恐れているのだ。

こうした事態を封じ込めるためにも、アサド政権を維持することがロシアの国益にかなうという判断から、ロシアはアサド政権を支持し続けている。さらに付け加えるならば、ロシア製の兵器を購入するアサド政権はロシアの軍産複合体にとって重要な顧客なのである。この点は、山内昌之の指摘が的確だ。

〈ロシアの中東における利害は、エネルギーの獲得と武器の輸出をいかに円滑に果たせるかの二点に関わっている。（中略）シリアはソ連時代からずっといままでも武器の顧客であり、アサドに対してシリアの貴重な非干渉友好国として自らを印象づけたいはずである。（中略）リビアやシリアといった旧秩序の崩壊は明らかに欧米の得点であり、ロシアの失点となる。何よりも、ロシアの軍需産業への衝撃は大きなものとなる。両国を失えば、二百億ドル相当の武器取引が消えてしまうからだ。〉（山内昌之『中東　新秩序の形成「アラブの春」を超えて』ＮＨＫブックス）

ちなみに、ロシア製兵器を販売するのはGRU（ロシア軍参謀本部諜報総局）だ。兵器にははっきりとした定価が存在しない。GRUは世界でさまざまなインテリジェンス活動を展開しているが、要人の買収や協力者の獲得といった活動のための資金のかなりの部分を、兵器販売で得た裏金に依存している。アサド政権が崩壊してしまえば、ロシアは重要な顧客を失い、GRUの活動に支障をきたしかねない。言ってしまえば、アサド政権が非人道的な兵器を使用しようが、無辜《むこ》の民を殺害しようが、ロシアにとっては関係ないのである。

ロシアの軍事介入によって、アメリカとロシアの関係は一気に険悪化した。

〈オバマ米大統領は2日、ホワイトハウスで記者会見し、ロシアがシリア領内で空爆に踏み切ったことについて「危険な選択で受け入れられない」と強く非難した。一方、ロシアのプーチン大統領は同日、訪問先のパリで独仏首脳と個別に会談し、過激派組織「イスラム国」（ＩＳ）に対する攻撃だという考えを強調した。

オバマ氏は「ロシアやイランによるアサド政権へのてこ入れは、事態を泥沼化させるだけだ」とロシアのシリア空爆に反発。プーチン氏はＩＳと、米国が支援する穏健な反体制派を一律に「テロリスト」と決めつけていると断じ、「ロシアの理屈は認められない」と述べた。〉（２０１５年10月3日『朝日新聞デジタル』）

事実、ロシアは「イスラム国」の一掃といいながら、「イスラム国」のみならず自由シリア軍に対しても空爆を行っている。ロシアの本音としては、反体制派を殲滅し、アサド政権のシリア支配を盤石なものにするということである。

しかし一方のアメリカも、自由シリア軍を「穏健な反体制派」だと主張しているが、実は彼らも「イスラム国」と同類であり、住民虐殺や略奪などを行う「ならず者暴力集団」であるという不都合な事実を見ようとしていない。

極秘裏に進められたモスクワ訪問

米露の関係が硬直化するなかで、国際政治の枠組みを変化させかねない出来事が起きた。2015年10月20日、アサド大統領がモスクワを訪問し、プーチン大統領と会談したのである。アサドが外交でシリア国外に出るのは、報道で確認できる範囲内では、内戦が激化した2011年以降初めてのことだった。

このアサドのモスクワ訪問は極秘裏に準備された。その理由は二つある。

一つは、アサドの安全を保全することだ。アサド大統領が航空機を利用するという情報が漏れると、米軍の支援を受けている自由シリア軍であれば、ミサイルで当該航空機を撃墜することが可能だ。二つ目は、アサド大統領がロシアに向かったという情報が流れてしまうと、亡命説が出て、シリア内政が極度に混乱するおそれがあったためだ。

アサド訪露は極秘裏に行われ、クレムリンはアサド大統領が無事にダマスカスに帰還したことを確認したのちに会談の事実を発表した。それまで、諸外国はこの事実を把握できなかった。ロシア紙『イズベスチヤ』電子版は2015年10月22日に次のように報じている。

〈厳しい秘密の条件の下で行われたバシャール・アサドのロシア首都への訪問は、アメリカ人の不意を打った。この種の意外な出来事に対し、ワシントンにおいては、訪問のニュースから24時間が経っても正確に情勢を把握することができなかった。ホワイトハウスはクレムリンがアサドを受け入れたことに対して極端な不満を表明した。〉

情報収集というインテリジェンス面においても、アメリカはロシアに完敗したのだ。

このアサドのモスクワ訪問は外交的にきわめて重要な意味を持っていた。当時の報道から読み解いてみよう。

〈「あなたの決意と行動がなければ、テロは広範な地域に広がっていた。ロシアの支援に最大限の謝意を表したい」。アサド氏はプーチン氏にこう述べた。プーチン氏が「後ろ盾」となっていることを内外に示し、自身抜きで内戦の政治的解決はないこともアピールする狙いだったとみられる。

　5年目に入った内戦は今春以降、反体制派が攻勢を強めていた。穏健な反体制派の「自由シリア軍」が反アサド連合を結成。北西部の要衝イドリブ県のほぼ全域を掌握した。

　ＩＳは5月、中部の要衝パルミラを政権軍から奪った。政権のおひざ元の首都ダマスカスも反体制派に包囲され、中心部に迫撃砲弾が着弾していた。

だが、ロシアの軍事介入で政権軍は反体制派を食い止め、精鋭を首都防衛に集中できるようになった。反体制派の攻勢が続いていた第2の都市の北部アレッポでも、反転攻勢を強める。

ただ、政権が掌握するのは、西部の都市部を中心に国土の3割ほど。反体制派や過激派組織の支配が定着した地域の奪還は容易ではない。米欧やトルコなどは依然としてアサド氏の退陣を求めており、内戦終結への道筋は見えないままだ。〉

（２０１５年10月22日『朝日新聞デジタル』）

　アサドはこの時の訪露を権力基盤の強化のために最大限に利用している。ロシアが本格的に軍事介入を開始するまでは、アサド政権に最大のテコ入れをしていたのはイランだった。しかし、ここでアサドはロシアを後ろ盾にするという方向性を明確に示した。イランを牽制したいロシアの思惑をうまく利用したのである。

一方のロシアは、シリア情勢の正常化に向けて、各国との協議メカニズムの創設のために動き始めた。

〈（プーチンは）シリアの内戦終結に向けて「すべての政治勢力、民族、宗教グループが参加した政治的なプロセスを進める必要がある」と強調したうえで「軍事行動だけでなく、政治プロセスで貢献する用意がある。他の大国や地域の国々と連携したい」と述べた。

ロシア外務省によると21日にはロシアのラブロフ外相とケリー米国務長官が電話で協議。23日にウィーンで、サウジアラビア、トルコの外相を交えてシリア問題の外相級協議を行うことを確認したという。プーチン氏も21日、サウジアラビアのサルマン国王、トルコのエルドアン大統領と相次いで電話し、アサド氏との会談について説明した。〉（２０１５年10月22日『朝日新聞デジタル』）

ロシアという強力な後ろ盾を利用しながら、アサド政権は巻き返しを図った。ロシアは、アサド退陣を要求する各国を協議のメカニズムに引き入れつつ、シリア政府軍とともにシリア国内の反体制派を叩き潰していった。

ロシアの軍事力、政治力を利用

2017年4月6日、内戦の続くシリアで、米トランプ政権が新たな動きに出た。これまで、シリアにおける「イスラム国」掃討作戦をロシアに委ねる形でアサド政権に対する攻撃を控えていた米軍が、ホムス近郊のシリア軍基地をミサイル攻撃したのである。

〈同省（米国国防総省）は、この基地には化学兵器が貯蔵されていたと発表した。米情報当局の分析では、この空軍基地から飛び立った航空機が4日、シリア北西部イドリブ県で化学兵器を使って攻撃をしたという。今回の攻撃により、空軍機や装備などに大きな損害を与え、シリア側が化学兵器を使用する能力を減らしたと強調。また攻撃前にロシア軍側に通知し、空軍基地にいるロシアやシリアの人員の危機を最小化したとしている。〉（2017年4月7日『朝日新聞デジタル』）

シリア政府軍がイドリブ県を攻撃し、100人以上の死者が出たことに対する報復だとして、今回のミサイル攻撃をアメリカは正当化している。しかし、このような説明で主権国家に対する攻撃を正当化することはできない。しかも、ロシアとイランが軍事的にシリア政府軍を支援することで「イスラム国」包囲網を狭めつつあった状況下での、米軍によるアサド政権への軍事攻撃は、副作用として「イスラム国」を延命させかねないものだった。

複雑なシリアの状況を理解していないゆえのトランプ政権の中途半端な軍事攻撃は、シリア政府が化学兵器の使用を認めて屈服するというような展開も得られず、単にイランとロシアがシリア政権とさらに連携を強めるというアメリカにとって好ましからざる状況を招いただけだった。

その後もアサド政権はロシア軍とともに大規模な軍事作戦を展開、シリア国内の「イスラム国」勢力の壊滅がほぼ決定的となりつつあった。長引く内戦で荒廃したシリア情勢をいかに正常化させていくかが次の課題となっていた。

２０１７年11月20日、アサドが再びロシアを電撃訪問する。

〈シリアのアサド大統領が20日、ロシア南部ソチを予告なしに訪問し、プーチン露大統領と会談した。露国営テレビが21日伝えた。ロシアによる空爆作戦などで、過激派組織「イスラム国」（ＩＳ）の壊滅が現実的となる中、プーチン氏はアサド氏への支持を明確に示し、今後の政治移行で主導権を握る狙いがあるとみられる。

アサド氏の訪露は、ロシアがシリア空爆を開始した直後の2015年10月以来。この日、プーチン氏はアサド氏に「シリアでのテロとの戦いは終わろうとしている」と述べ、露軍の大規模な軍事作戦を近く終了させる考えを示した。さらに「今後、最も重要なのは政治（移行）プロセスだ」と語り、反体制派との和平・正常化交渉に協力するよう、アサド氏に求めた。〉（2017年11月21日『毎日新聞』電子版）

もはやシリアで「イスラム国」が実効支配している領域はごく一部にすぎない。そのことをにらんで、ロシア、米国、イラン、トルコが影響力の拡大を虎視眈々と狙っている。このタイミングでプーチンはアサドをソチに呼びつけ、アサド政権の後見人はロシアであることを各国に再認識させた。また、アサド政権も、ロシアという大国が後ろ盾にあることを世界に示し、シリアの政情安定化はアサド抜きには進まないということを見せつけた。

〝資源の宝庫〟イラクの存在

大した資源もないシリアをめぐって、なぜ各国がこれほどまでに影響力拡大のための駆け引きを繰り広げるのか。その答えはシリアの隣国、イラクにある。資源の宝庫であるイラクへの足がかりとしてシリアは重要な意味を持っている。

そもそも「イスラム国」も、当初はＩＳＩＬ、つまり「イラク・レバントのイスラム国」と名乗っていた。レバントとは東部地中海沿岸のレバノンやヨルダン、イスラエルを含めたシリア地域全体のことを指す。シリア地域とイラク、この二つの領域を支配することで、石油の宝庫であるイラクを完全に手中に収めようとしたのである。イランとアメリカがシリアをめぐって影響力をお互いに行使し合っているのも、その先にイラクを見据えているからにほかならない。

一方で、シリアのイスラム過激派の影響が北コーカサス地域に飛び火することだけはなんとしても避けたいロシアは、シリアで権力の空白地帯が生まれないようアサド政権の後ろ盾として強硬な構えを続けている。

さらに、表面的にはよく見えてこないが、イスラエルもこのパワーゲームに、事実上はアサド政権支持の立場で参加している。イスラエルは過去5回、シリアと戦争をしている。その結果、両国は互いを知り尽くし、イスラエルにとって「アサド政権は最愛の敵」（元イスラエル情報機関幹部の言葉）となっているのだ。イスラエルはシリア領内のゴラン高原を占領しているが、アサド政権が存続する限り、この状況が変更されることはない。5回にわたる戦争を通して、アサドがイスラエルの強さをよく理解しているためだ。

アサド政権が崩壊し、イランの影響力が強化されることをイスラエルは恐れている。シリア領では、レバノンのシーア派武装集団「ヒズボラ」も策動を続けている。ヒズボラにイランの革命防衛隊（最精鋭部隊）が軍事、経済の両面で支援を与えているのは公然の秘密である。イスラエルにとっては、アサド政権のほうがはるかに取り引きしやすいのだ。そうしたイスラエルの思惑をアサドも理解しているため、あえて対立を激化させるようなことはしない。

ヨーロッパの各国も、シリアが無法地帯となって大量の難民が発生するような事態だけは避けなければならない。そのために、人道上問題があるアサド政権であっても、紛争をシリア国内で封じ込めていられる間は本気でアサド政権を潰そうとはしないだろう。

中東の複雑な情勢を理解しているヨーロッパ諸国と、こうした事情を理解できず、中東に民主主義を無理やり持ち込もうとするアメリカとは温度差があるのだ。

自分の弱さを理解した独裁者

ロシアとイランが牽制し合う関係を巧みに利用し、またイスラエルとも現状維持という消極的協力関係を築きながら、アサドは自らの政権の延命を実現させてきた。彼の特徴は自分の力を過信しないところにある。

アサドは、自分の力が弱いということをよく理解した独裁者だ。そのため、諸外国のパワーゲームを利用することに長けている。シリアの安定のためにはアサド政権を消極的にでも支持せざるを得ない形に落とし込んできたのだ。

一方で、彼がシリアの混沌から逃げずに踏みとどまっているというところも、注目に値するだろう。ある程度の財を貯めて、今のような混沌としたシリアから、南米かアフリカにでも逃げてしまえばいいようなものであるが、権力欲も蓄財欲もないアサドは、逃げようともせずに混乱の地にとどまっている。自分が逃げ出せば、シリアはならず者暴力集団が割拠する無法地帯と成り果てることがわかっているからである。

今、アサド政権が統治できているのは、首都ダマスカス周辺とアラウィ派の拠点である北西部のみである。この統治体制はしばらく継続していくだろう。時間がたてば、他の地域の勢力がアサド政権との対話に踏み出してくる可能性もある。実際、ロシアは反体制派との和平・正常化交渉を促している。

一方で、ウクライナ侵攻によってロシアとシリアの関係はさらに強化された。

シリアはロシアに義勇兵を送り、ロシア軍とともにウクライナ軍と戦っている。また国連でも最大限にロシアの支持を表明している。その見返りに、ロシアもシリアを支持する姿勢を強めているのだ。

アサド政権を倒す勢力も当分は出てこないだろう。シリアは依然としてこの先の見通しが立たない状況が続く。

第六章
エンベル・ホッジャ
アルバニアに君臨した〝史上最強〟の独裁者

私が20世紀の独裁者のなかでも最も興味を持っているのが、アルバニアのエンベル・ホッジャである。1946年にアルバニア人民共和国の樹立を宣言し、首相の座は1954年に譲り渡したものの、1985年に亡くなるまで労働党第一書記として権力を掌握し続けたホッジャは、実に風変わりな独裁者である。風変わりなだけでなく、内政においても外交においても一貫してブレなかったことが彼の特徴だといえよう。

独自の進化を遂げたアルバニアという国は、ホッジャによってつくり出されたと言っても過言ではない。独裁者として成し得ることはほぼすべて、ホッジャによって成し遂げられた。その結果、今のアルバニアはどうなっているのか。それについては後述する。

アルバニアについてもホッジャについても、日本ではさほど知られていないので、まずはアルバニアという国の独自性について少しひもときたい。

アルバニアは、バルカン半島の南西のつけ根に位置する国だ。南はギリシアと国境を接しており、海を隔てた向こうにはイタリアがある。北はモンテネグロ、東はマケドニアとコソボに接している。

アルバニア語は学ぶのが実に厄介だ。他に似た言語がなく、手近な教材も家庭教師も見つけづらいのである。また、アルバニア民族というのも、他のどの民族とも異なり独自の系統に属している。

その上、アルバニアはホッジャ独裁の下、社会主義国として長らく事実上の鎖国状態にあった。外国人ジャーナリストのみならず観光客ですらほとんど受け入れてこなかったのである。１９９１年に社会主義体制が崩壊するまで独自の道をひた走ってきたアルバニアであるが、そんな国に足を踏み入れたことのある珍しい日本人のひとりが、２００６年に逝去された作家の米原万里さんである。

アルバニアを訪れた作家・米原万里さん

米原さんのお父さんは日本共産党の幹部で、１９５９年から5年間、チェコスロバキアのプラハに家族で駐在していた。中ソ対立の時代、日本共産党が中国を支持したことから、当時、ソ連と国交を断絶して中国の側についていたアルバニアに家族で招待されたのだった。米原さんが14歳の夏である。

当時のことを、妹のユリさんがまとめている。

〈乾燥しているから、木がまばらに生えている。したがって、緑が少ない。土が多く、よくほこりが舞っていた。歩いている女性の多くがターバンをまいている。

ロバもよく見かけた。建物は低層で、白い。

食べ物もずいぶん違った。

万里がそのときの体験を書いている。

「（中略）なにしろアルバニア滞在中、どこの宿でも出されるミルク、チーズ、ヨーグルト、とにかくありとあらゆる乳製品が腋臭の臭いを放っていたのだから。一度デザートに生クリームをタップリ使った豪勢なショートケーキが出てきて、喜び勇んでかぶりついたら、あまりの臭さにゲッと吐き出してしまったこともある。」（「ハイジが愛飲した山羊の乳」『旅行者の朝食』）

万里が書いているように、山羊や羊のミルク、チーズ、羊の肉がよく出てきた。〉（井上ユリ『姉・米原万里　思い出は食欲と共に』文藝春秋）

妹のユリさんは万里さんのようにヤギの臭いを気にすることもなく、どれも美味しく食べていたようだ。風景や食事からもわかるとおり、アルバニアは地理的にはヨーロッパに位置しているが文化的には中東に近いのである。

正真正銘のマルクス・レーニン主義者

アルバニアは1912年に独立を宣言した比較的新しい国である。かつては長らくローマ帝国やオスマン帝国の支配下にあった。アルバニア人は勇猛果敢で知られ、死を恐れずに戦うので、オスマン帝国の軍人として重用されたが、決してトルコ人に同化することはなく、長らく帝国の支配下にありながら、独自の言語と部族の掟《おきて》を維持した。

第一次世界大戦でオスマン帝国が解体され、アルバニアにトルコの影響が及ばなくなると、1925年、アルバニア共和国が成立する。軍人アフメド・ゾグーの統治の下、アルバニアは近代国家への道を歩み始めた。

当時、このアルバニア共和国は真に民族の利益を代表しているものではないとして反政府運動を展開していたのが、エンベル・ホッジャの叔父で民族主義者のハイセンであった。

1908年、ホッジャはアルバニア南部ジロカストラのイスラム教徒の家に生まれている。ヨーロッパ各地で布地の行商をしていた父を通じて、ホッジャは外国に関心を持つようになる。さらに強い影響をホッジャに与えたのが、反政府運動に身を投じていた民族主義者の叔父、ハイセンだった。

1930年、成績が優秀だったホッジャは奨学金を得てフランスのモンペリエ大学に進学する。彼はここで、生涯を決定づけるマルクス主義と出会うことになる。ホッジャは大学を1年で退学しフランス共産党に入党する。しかし、反政府活動家の叔父とは異なり、ホッジャは当時のアルバニア政府と完全に対立していたわけではなかった。1934年からはベルギーの首都ブラッセルにあるアルバニア公使館の領事秘書として働いている。

当時、近代的な教育を受けた人が少なかったアルバニアで、ホッジャは貴重な人材だった。共産党との距離の近さを知りつつも、アルバニア公使館は彼を雇用することにしたのだろう。

ホッジャの特徴のひとつとして、非常な努力家であることがあげられる。彼は若い頃から、マルクス、エンゲルス、レーニン、スターリン、トロツキー、カウツキーなど、さまざまな潮流のマルクス主義者の著作に正面から取り組んできた。ホッジャは大学でマルクス主義について教壇に立てるほどの知識人であった。出世のためにマルクス主義を上辺だけかじり、ソ連によって東欧諸国の共産党指導者に据えられた党官僚たちとは決定的に異なる素養を持っていた。

利己心による上辺だけの教養は、短期的には多少は役立つかもしれないが、すぐに化けの皮が剝がれ、長期的にはまったく役に立たない。これは今も昔も変わらない普遍的な事実である。

その意味で、ホッジャは正真正銘のマルクス・レーニン主義者であり、それこそが超大国を相手に1ミリもぶれることなくアルバニア独自の外交を繰り広げた彼の強さの源であった。

ユーゴスラビア修正主義者を粛清せよ！

ホッジャがみるみる頭角を現してくるのは、イタリアがアルバニアに侵攻してきた1939年以降である。

当時、アルバニア東南部の都市コルチャで中学校の教師となっていたホッジャは、アルバニア・ファシスト党への入党を拒否したために教職を追われる。首都ティラナでホッジャはタバコ屋を始めた。タバコ屋であれば、人々が入れ代わり立ち代わりしていても不思議はない。そこはアルバニア人共産主義者のアジトとなった。

1941年11月、ホッジャはアルバニア共産党を創設。パルチザン戦を展開し、イタリアのファシスト軍と戦った。イタリアを退けたのち、侵攻してきたナチス・ドイツを相手に徹底抗戦し、1944年11月にドイツ軍も撃退する。

ホッジャを中心とする共産党系パルチザンが、ソ連軍に頼ることなく、自力で

イタリアとドイツから国土を解放した。この事実が、ホッジャのカリスマ的権威、求心力となっていった。ホッジャらアルバニア共産党は1944年に政権を掌握、ホッジャはアルバニアの首相に就任した。

戦後の1946年、ホッジャはアルバニア人民共和国の樹立を宣言する。1948年には他の政党を吸収する形で共産党を「労働党」と改称、ホッジャによる独裁政権の始まりだった。

ホッジャはあらゆる面で徹底していた。

1948年、ソ連の独裁者・スターリンとユーゴスラビアの独裁者・チトーが大喧嘩を始めた。

ホッジャはスターリンを断固支持し、隣国のユーゴスラビアと国交を断絶する。

第二次世界大戦中、アルバニアとユーゴスラビアの共産党系パルチザンは緊密な協力関係にあり、解放後もユーゴスラビアはアルバニアを継続的に支援してきた。それにもかかわらず、ホッジャは国境を接するユーゴスラビアとの関係をバッサリと断った。

しかし、それまでのアルバニアとユーゴスラビアの緊密な関係ゆえに、アルバニア労働党内部にはチトーに共感する勢力も少なからずおり、ホッジャの足元を脅かした。ホッジャは党内のチトー派を「ユーゴスラビア修正主義者」と容赦なく弾劾。結果として、〈新しい事実に照らして、党と人民に対するかれらの責任について新たな評価をすることが要求された〉（『アルバニア労働党史　1944〜1965』東方書店）。要求された〝新たな評価〟とは何か。処刑である。

ユーゴスラビア修正主義者として処刑された1人、コチ・ゾゼは当時国防大臣を務めており、ホッジャの側近であった。どんなに親しい側近であっても異論を唱える者は容赦なく皆殺しにするという、ホッジャの強権政治の始まりである。

しかし、ホッジャが忠誠を誓ったスターリンが1953年に逝去すると、ソ連とホッジャとの関係に暗雲が立ち込めてくる。

裏切り者は徹底して抹殺

スターリン逝去後、権力の座に就いたフルシチョフはスターリン批判を展開、1955年、ユーゴスラビアのチトーとの和解に動いた。スターリンに忠誠を誓い、国境を接するユーゴスラビアと国交を断絶までしたホッジャははしごを外された形になった。

ユーゴスラビアとの国交断絶の責任を、スターリンの信任が厚かったNKVD（合同内務人民委員部＝秘密警察）のラブレンチー・ベリヤ（1953年12月23日に銃殺）に被せるという戦略に出たフルシチョフ。ユーゴスラビアのチトーもその話に乗っかり両国の和解が進むと、他の東欧諸国もソ連に追随、過去に投獄や粛清されたチトー派の名誉回復が行われていった。

しかしホッジャ率いるアルバニアだけは違った。アルバニアにおいて、チトー派の名誉が回復されることは決してなかったのである。ホッジャは徹底していた。裏切り者は決して許さない。あらゆる記憶から抹殺する。抹殺は、書物のみならず、写真や絵画にも及んだ。ちなみに金正恩も、このホッジャの手法を真似ていると思われる。

1961年、きわめて異例のことだが、西ドイツのジャーナリストがアルバニアへの入国を認められた。ハリー・ハムという。彼はマルクス主義に精通しホッジャの政治路線にもシンパシーを持っていた人物であるが、過剰に忖度《そんたく》することはなく、あくまでもジャーナリズムに徹した人物で、アルバニアに関する秀逸なルポルタージュを残している。その中に、ホッジャが徹底して裏切り者に連なる記憶を抹殺していった様子が書かれている。

〈コチ・ゾゼを思い出させるような事物はすべて、スターリン的手法によって抹殺された。わたしはチラナの戦争およびパルチザン博物館で、国の解放後パルチザン指導者のアルバニア首都入城の油絵を見た。わたしは、この出来事の写真原画を知っていた。パルチザン指導者の先頭に、ホッジャの右にその友コチ・ゾゼがすすんでいた。しかし油絵では「裏切り者」はあとで画面から消し去られた。「はじめは英雄としてたたえられたが、あとで党の敵であることがわかった人びとを思いださせることは、人民にとってためになりません」。パルチザン博物館の館長は、歴史的真実の偽造をわたしが批判したことにたいして、こたえた。「人民のためにならないことは、やめるべきです」〉（ハリー・ハム『アルバニアの反逆』新興出版社）

ちなみに、似たような事例は日本にもある。外務省が毎年作成し、刊行している『われらの北方領土』という小冊子でも同様のことが起きている。かつて、この中の年表には、鈴木宗男が北方領土交渉で活躍した様子について詳しく書かれていたが、2002年6月に鈴木が東京地方検察庁特別捜査部に逮捕されたあと、この年表から鈴木に関する記述が消え失せた。「はじめは北方領土交渉の功労者としてたたえられたが、あとで外務省の敵であることがわかった人を思い出させることは、日本国民にとってためになりません」といったところであろう。ホッジャの独裁体制下のアルバニアも日本外務省も似たような組織文化を持っていたということがよくわかる。

話がそれたが、かようにホッジャは徹底して、裏切り者を抹殺した。フルシチョフ路線に多少は配慮し、警察機構の若干の縮小や党内批判のわずかな許容といった非スターリン化の措置が取られたが、しかしそれ以上ホッジャがフルシチョフに歩み寄ることはなかった。

クレムリンでフルシチョフに噛みつく

ホッジャが独裁者として異彩を放っている理由のひとつが、権力の椅子にどっかりと腰を下ろしているのではなく、現場に乗り込んでいって大暴れをやってのけるところにある。北朝鮮の金正恩でさえ、外交の現場では温和な態度を崩すことをしない。大暴れをするのは手下である労働党幹部や軍幹部の役割である。

しかし、ホッジャは違った。彼自身が敵の眼前に乗り込んでいってひと暴れするのである。

1950年代にソ連がアルバニアのブローラ基地に配置していた潜水艦は、いずれアルバニアに引き渡される予定になっていた。しかし、第三次世界大戦をも辞さない構えのホッジャにフルシチョフは不安を抱き、基地の撤去をちらつかせてきた。実際、ホッジャは第三次世界大戦によって世界的規模の革命が起きれば、社会主義陣営が拡大すると本気で考えていたのだ。ブローラ基地の潜水艦をめぐってホッジャとフルシチョフは激しく衝突する。

1960年11月12日、モスクワのクレムリンに乗り込んでいったホッジャは、フルシチョフに嚙みついた。もちろんフルシチョフも黙ってはいない。

国家首脳同士の激しい口論の記録がある。

〈エヌ・エス・フルシチョフ　きみたちが望むなら、われわれは基地を撤去してもよいのだ。

エンベル・ホッジャ同志　やはり、マリノフスキーとグレチコがいっていたことは本当だったのだ。きみたちはわれわれを恐喝しようとしているのか。ブローラ基地がアルバニアとヨーロッパの他の社会主義国の防衛に役立っているこの時期に、きみたちがそれを撤去しようとしていることをソ連人民が聞けば、彼らはきみたちを許しはしないだろう……。

エヌ・エス・フルシチョフ　エンベル同志、声を荒立てるな！

エンベル・ホッジャ同志　きみたちが基地を撤去するとすれば、重大な誤りを犯すことになるだろう。われわれは空腹を抱え裸足でたたかってきたが、けっしてだれにも屈したことはなかった。

エヌ・エス・フルシチョフ　潜水艦はわれわれのものだ。

エンベル・ホッジャ同志　きみたちのものでもあり、われわれのものでもある。われわれは社会主義のためにたたかっている。基地の用地はわれわれのものだ。潜水艦についていえば、われわれはそれにたいするアルバニア国家の権利を認める協定に調印している。わたしは我が国の利益を守る。

（中略）

エンベル・ホッジャ同志　きみたちが先ほどのように言い張るのなら、ワルシャワ条約機構を招集しようではないか。しかし、ブローラ基地はわれわれのものであり、われわれのものでありつづけるだろう。
エヌ・エス・フルシチョフ　きみたちは怒りで熱くなっている、きみたちはわたしにつばを吐きかけた。だれもきみたちとは話せない。
エンベル・ホッジャ同志　きみたちはいつも、われわれが激しやすいという。
エヌ・エス・フルシチョフ　きみたちはわたしの言葉を歪曲している。きみたちの通訳はロシア語を知っているのか。
エンベル・ホッジャ同志　通訳のせいではない。彼はロシア語を大変よく知っている。わたしはきみたちを尊重しているのだから、きみたちはわたしを尊重すべきだ。
エヌ・エス・フルシチョフ　それはまるでマクミランがわたしと話そうとしているような言い方だ。
メフメット・シェフ同志、ヒュスニ・カポ同志　エンベル同志はマクミランではない。その言葉は取り消せ！
エヌ・エス・フルシチョフ　では、その言葉をどうしようか。
メフメット・シェフ同志　きみのふところにねじこめ。
ヒュスニ・カポ同志　わたしたちは話し合いがこのようにすすめられることに

同意できない。〉（『修正主義と闘うアルバニア労働党　エンヴェル・ホッジャ 1960・6～12』人民の星社）

ここで、ホッジャらは憤然と席を蹴って立ち上がり、部屋を出て行ってしまう。マクミランとは、当時のイギリス首相のことである。実際、フルシチョフにとってはホッジャよりもマクミランと話すほうがよほどましだっただろう。ソ連史上、クレムリンで指導者がこれほどまでに詰め寄られたことはなかったのだから。このやりとりを見ていると、ホッジャは正気を失っているかのように見えるが、しかしそれは違う。この時もホッジャは胸の内で冷徹に計算をしていた。

当時、ソ連と中国の対立が始まっていた。

ソ連と本気の大ゲンカを繰り広げるホッジャは、胸の内で、これでソ連から経済的軍事的支援が打ち切られるかもしれないと冷静に計算をしていた。そこで、当時イデオロギー的にソ連と対立しつつあった中国を過剰なまでに擁護する姿勢を示し、ソ連を徹底的に批判してみせたのである。

怖いもの知らずに噛みついてきたホッジャを見て、ソ連はアルバニアの背後には中国がいるのだと思い込み、中国への態度をさらに硬化させた。実際のところ、ホッジャは中国と事前に何の相談もしてはいなかったのだが、ホッジャの立ち居振る舞いによって中ソの関係は急激に悪化する。アルバニアは、ソ連とは国交を断絶したものの、反射的利益として中国の支援を得ることに成功したのだった。

その後も、アルバニアとソ連との関係は冷え込んだままだった。1991年12月にソ連が崩壊するまで、モスクワにアルバニア大使館が開設されることはなかった。1969年3月に黒龍江の中州である珍宝島（ダマンスキー島）で武力衝突を起こすまでに対立が激しくなった中国とソ連ですら国交断絶という選択はしなかったのだが、ホッジャ率いるアルバニアはやることが徹底していた。

宗教はアヘンである——世界初の無神論国家

1966年、いよいよアルバニアの文化大革命が始まった。アルバニアの文革がどれほど恐ろしいものであったかは、ホッジャが中国の文革は生ぬるいと考えていたということからも想像できるだろう。

ホッジャは人民の思想を根底からつくり変えた。あらゆる宗教を禁止し、「世界初の無神論国家」をつくり上げてしまったのである。

宗教は人民のアヘンである——。

これがアルバニア労働党が打ち立てたスローガンであった。労働党の公式党史には次のように書かれている。

〈アルバニアに存在してきた各種の宗教は、国外圏内の支配者に奉仕して人民を分裂させ隷属させる手段となっていた。〉(『アルバニア労働党史　第2分冊』東方書店)

アルバニアは長年オスマン帝国の支配下にあったため、社会主義化する前は人口のおよそ7割がスンナ派のイスラム教徒であった。2割がアルバニア正教、1割がカトリックである。ちなみに、マザー・テレサはコソボ出身のアルバニア人である。

あらゆる宗教をアルバニアの地から根こそぎ消し去ろうとしたホッジャ。文化大革命の狼煙《のろし》をあげてからわずか1年以内に、すべてのモスクと教会が閉鎖された。

中国では文化大革命といわれるのに対して、アルバニアでは「イデオロギー文化革命」といわれる。ソ連や中国、あるいは北朝鮮でさえも、人民の内心の自由、宗教や良心の自由は一応認めていた。共産党や国家であっても、人間の心の領域までは介入できないという建前を掲げていたが、それすらもホッジャ独裁政権は許さなかった。アルバニアを真に共産主義化するためには、国民を1人残らず心の底から共産主義を信じる存在に改造しなくてはならないと本気で考えたのだ。
言い換えれば、共産主義を唯一の宗教としたのである。

中国とも訣別、鎖国状態へ

ソ連と決裂し中国の側についたホッジャだったが、のちに中国とも決裂する。フルシチョフのスターリン批判をきっかけに中ソの路線対立が明らかになっていったが、実際のところは、毛沢東もスターリンのことは嫌っていた。そうした中途半端な姿勢がホッジャには我慢できなかったのである。さらに、1970年代に入り、ニクソンの電撃的な訪中によって米中に雪解けムードがもたらされると、ホッジャは激しい中国批判を展開する。

当時、中国共産党は「三つの世界論」なるものを提唱していた。これによると、世界は三つにカテゴライズされるという。

第一が、世界的規模で覇権を獲得しようとするアメリカ帝国主義とソ連社会帝国主義。この両者においては、社会主義の看板を掲げていることで悪質さが見えにくくなっているソ連を、より悪辣であると批判した。

第二が、東西ヨーロッパ諸国と日本。これらの国々は、ソ連陣営か米国陣営のどちらかに属しており、国家としての主権を完全に行使できないが豊かさを享受している。

第三が、中東、アジア、アフリカなどの第三世界の諸国。これらの国々はアメリカあるいはソ連から強く抑圧されており、国家主権を十分に行使できずにいる。

中国は、この第三世界のリーダーとして、ソ連やアメリカの新植民地主義政策とは異なる方法論で主権を貫く立場を示した。

ホッジャは、この中国のプラグマティックな理論では、反ソという共通の目的で西欧資本主義国やアメリカと手を組むことになりかねず、革命を放棄する可能性につながると批判、ついに中国との訣別を決意した。

こうして、アルバニアは事実上の鎖国状態に突入する。

ホッジャの懸念どおり、中国は共産党体制を維持しつつも資本主義経済への転換を余儀なくされ、ゴルバチョフがペレストロイカを推し進めた結果、ソ連も崩壊したのである。

では、当のアルバニアはどのような道をたどったのか。

マフィア国家の誕生

ホッジャ独裁下で独自の進化を遂げていったアルバニア社会主義国家は、ホッジャの死後（1985年没）、ラミズ・アリアが労働党第一書記を継承するも、東欧諸国が次々と社会主義から離脱するなか、限定的な開放政策へと舵を切らざるを得なくなった。すると、数千人規模のアルバニア人が海外へと亡命。アリアは1991年に複数政党制を導入し、アルバニアの社会主義体制はついに崩壊する。

労働党は社会党へ改称し、アリアは初代大統領に就任するが、翌1992年の総選挙で社会党は大敗、勝利したアルバニア民主党のサリ・ベリシャが大統領に就任する。ベリシャは経済自由化を強力に推進していった。

しかし、その結果、アルバニアの経済は大混乱に陥る。

そもそも、市場経済においてアルバニアには国際競争力のある商品が何もない。売るべき商品がないのだから、経済は回らない。国内には爆発的にネズミ講が蔓延した。

当時、隣国の旧ユーゴスラビアでは民族紛争が深刻化していた。ベリシャ政権は武器密輸によって経済的苦境の打開を図った。武器密輸によって獲得した資金がネズミ講に流れ込み、国民の経済を支えるようになる。国家全体でマフィア組織のような性格を帯びるようになっていったのである。

しかし、1990年代後半、旧ユーゴスラビアの紛争が一定程度沈静化していくと、武器密輸ビジネスは行き詰まった。資金の供給源を失ったネズミ講はたちまち破綻、国民の多くが破産する。首都ティラナでは、ネズミ講への出資金返還を求める国民たちが抗議行動を展開、暴力を伴い首都は混乱に陥った。ベリシャは非常事態宣言を行うも、事態は沈静化せず、混乱は南部から北部へと広がった。軍隊による治安出動が行われ、事態はようやく沈静化したが、政府がかろうじて統治しているのは首都ティラナとその周辺のみだ。各地は地元ボスやマフィアが支配し、山中ではアルカイダや「イスラム国」などが入り込んで訓練基地をつくっている。2016年7月14日にフランス南部のニースで暴走トラックによるテロ事件が起きたが、アルバニア系の共犯者が身柄を拘束されている。

今やアルバニアは国際テロリズムや犯罪の温床である。世界初の無神論国家は、ネズミ講によって崩壊した初めての国家ともなってしまった。

アルバニアが最も安定していたのは、エンベル・ホッジャによる独裁時代だったというのは、なんとも皮肉なことだ。

平等を理想とする社会は、国家権力の暴力とイデオロギー統制がなくては維持できなかったということを、20世紀の社会主義の国々は示している。国民の自由を徹底的に奪うことで国民を決して飢えさせなかったホッジャは、政治指導者としては偉大だったというべきだろう。

しかし、残念なことに、そういう国にずっと住み続けたいと思う人は、おそらくいないのである。

新型コロナウイルス禍を経て、ウクライナ紛争をめぐり対立構造の単純化が進み、「正義」の言葉がたやすく共有される時代だからこそ、過去の独裁者の手法を思い出しておくべきだろう。

第七章

アドルフ・ヒトラー

誰も真似できない「ニヒリズム独裁」

最も多くの人が真っ先に思い浮かべる独裁者かもしれない。アドルフ・ヒトラーは第一次世界大戦後、不安定になったドイツ国民の心理を巧みに操って権力を奪取した。

社会に多大な災厄をもたらし、自らも破滅していったヒトラーのナチズムは、実に粗雑な思想であった。イタリアに端を発するファシズムが、社会の再構築を志向した、ある種洗練された思想であったのに対し、ナチズムはドイツ人の「血」と「土」の神話に依拠した乱暴な思想であり、確たる政治的理念を持たなかった。「ただ生き残ればよい」というニヒリズムの革命であり、それは敗戦、経済恐慌という悲惨な状況とヒトラーという個性があって初めて生まれたものだったといえる。

世界に「正義」が蔓延し、共同体意識が煽られやすい今、その危機を利用してヒトラー型の政治家が台頭する可能性を軽視してはならない。その意味で、彼が残した負の遺産から批判的に学ぶべき事柄が少なからずある。

「強者生存」という思想

ヒトラーの本音を知るうえで、ナチズムの聖書といわれた『わが闘争』をまず読むべきことは論を俟《ま》たないが、それだけでは不十分だ。1923年のミュンヘン一揆後、ヒトラーが投獄中に記したこの書は、公表を予定した著作であり、ヒトラーの邪悪な意図が直截《ちょくせつ》な言葉では述べられていないからだ。

故郷ブラウナウからウィーンに出てきた青年ヒトラーは、美術大学の受験に失敗し、極貧の放浪生活を送るようになる。いわゆる労働者ではなく、マルクスが言うところのルンペンプロレタリアートである。本当の飢えを原体験として持っていることが、「いい思いをしているヤツを引きずり落としてやる」という負のエネルギーの根源となっている。

地べたを這うような生活の中で訪れた転機が、1914年に勃発した第一次世界大戦だった。志願して伝令兵となったヒトラーは、戦場の最前線で二つの今までにない体験を味わう。塹壕《ざんごう》の中で、負傷兵が生きながらにしてネズミに食べられる極限状態。そして、ドイツ国民として命がけで戦う連帯感、生の実感である。前者は「食うか、食われるか」というヒトラーの基本思想に、後者は「戦争の非日常性を日常化する」発想に結びついていく。

戦場では五分五分で戦えているというヒトラーの実感とは裏腹に、1918年、ドイツは敗戦を迎える。英仏をはじめとする戦勝国に天文学的な額の賠償金を課せられ、ドイツは経済的苦境に陥る。そうしたなかでヒトラーは、先の大戦で敗れた要因は国内に混乱があったからだ、ユダヤ人と結びついた共産主義者たちが背後で裏切ったからだと考えるようになり、関心を政治へと移していくようになる。

なおヒトラーは、権力を握り独裁者となり戦争を始めたあとも、政治が好きなわけではなく、自らは芸術家に向いていると考えていた。1942年1月、ヒトラーが夕食時に一日の総括を語った速記録にはこう残されている。〈政治に身を投じるのは私の本来の好みではない。しかし私が政治に求めているのは目標達成の手段である。目下、私が忙しくやっている活動をやめたら、私が気落ちするのではないかと思っているものもいるが、それは大間違いだ。政治とそれに伴う悲しみや労苦を離れる時こそ、我が最良の日となるだろう。戦争が終わり、なすべきことをなし終えたと感じたら、引退するつもりだ。（中略）私が身を投じてきた仕事を誰か他の人がやってくれていたら、私は決して政治の世界には足を踏み入れなかっただろう。私は芸術か哲学の道を選んでいたにちがいない。ドイツ民族の存続に懸念があったればこそ、私はこの活動を始めたのだ。生活条件が整えられて初めて文化も花開くというものではないか。〉（アドルフ・ヒ

トラー『ヒトラーのテーブル・トーク 1941-1944（上）』三交社）

権力欲がなく、もともと政治に関与するつもりはなかったと本気で考えている政治家は、裏返して言うならば、「現在自分が政治家であるのは人知を超えた天命である」という認識を持っていることになる。政治とは本来、権力闘争であると同時に折り合いをつけるゲームであるが、絶対に正しいと信じて権力闘争を行う政治家には歩留まりがなくなってしまう。この種の召命感ほどたちの悪いものはない。

さらに危険なのは、ヒトラーが政治の目的を「ドイツ民族の存続」という究極的原理と結びつけてしまったことだ。こういう原理を政治に直接持ち込むと「生き残るためならば何をしてもよい」という結論へと簡単に行きついてしまう。強者生存こそが、ヒトラー政治の最も根幹をなす基本思想なのである。

ヒトラーにとっての「政治」

ヒトラーにとっての民族の生き残りとは、文化的価値や伝統を守るというような抽象的概念ではなく、文字通り、ドイツ人が生物として生き残るために食糧を確保するということである。従って、外交の主要な課題も食糧の獲得になる。

ヒトラーは『わが闘争』に続く、外交政策に関する著作を準備していた。未刊行に終わった口述草稿を、米軍が入手している。その中では政治を以下のように定義している。

〈政治改革の課題が民族の生存闘争を実行することだとするならば、民族の生存闘争とは、結局のところその時々の人口に合わせて、その食糧を調達するのに必要な場所を確保することになる。だがしかし、その過程全体が民族の力を投入するうえでの問題となるわけだ。したがって最終的には次のように定義することができる。

政治とは、ある民族がこの現世での存続を求めて行う生存闘争を実行していくうえでの技術である。

外交政策とは、その民族にその時々に必要なだけの生存圏を、大きさと質の両面から確保するうえでの技術である。

国内政治とは、かかる生存圏確保のために必要な、投入可能な力を、その人種面での価値および数量の両面から、民族に備えさせるうえでの技術である。〉（アドルフ・ヒトラー『続・わが闘争 生存圏と領土問題』角川文庫）

この定義において重要なのは以下の三点だ。

第一は、政治を「民族の現世での生存」、すなわち徹底的に世俗的性質の事柄であると規定していることだ。自由、平等、正義などの、現実のこの世界では実現しないが、しかし人間として追求したほうがよいと考えられる超越的価値をヒトラーは政治の世界から追放した。

第二は、政治を「生存闘争」と規定していることである。ここから、生き残るためには何をしてもいいという結論が容易に導き出される。

第三は、政治を「技術」と規定していることだ。当初の政治的目的が、「ユダヤ人の絶滅」といったことに設定されると、あとは技術的にその目標を達成することができるように絶滅収容所を建設し、ユダヤ人輸送の列車運行計画を立てるという連鎖になる。政治の邪悪な目的が、価値中立的な技術に解消されてしまう。この時代のドイツ人が揃って一つの方向に突き進むことを容易にした背景ともいえよう。

政治を技術と考えるならば、ヒトラーはなぜ独ソ不可侵条約をあえて侵犯し、無謀な賭けともいえる独ソ戦（１９４１年〜）を開始したのか、という疑問も湧くだろう。ヒトラーは、個別の政治闘争に関して優れた洞察力と決断力を有していた半面、独自のソ連観を有しており、スターリンを倒すことこそがドイツ民族が生き残るために不可欠の条件と考えたのである。

すなわちヒトラーは、スターリンによって指導されるソ連の本質が、専制帝国であることを見抜いていた。その上で、従来の帝政との相違も認識していた。皇帝による専制国家においては世襲制がとられるため、万が一皇帝が倒れても皇太子が即位し、帝国のシステムそのものは崩壊しない。しかしソ連のスターリンは皇帝ではなく共産党書記長である。スターリンが倒れれば、誰かが後継の書記長に就任するとしても、スターリン同様のカリスマ性を維持することはできない。よってリスクを冒してでもスターリンを倒すことさえできれば、東方のスラブ世界をドイツ民族が半永久的に食糧を確保するための植民地にできるとヒトラーは判断したのだ。

この賭けに敗れたために、ナチス・ドイツ第三帝国は壊滅し、ヒトラーも自殺することになった。

忖度《そんたく》政治が生み出した「強要されない独裁」

第一次世界大戦後発足したヴァイマル共和国が世界恐慌の渦中で混乱する中、ヒトラーは1933年に首相に就任し、全権委任法によって立法権を事実上掌握。

翌年には総統（フューラー）に就任し、権力基盤を確実なものとした。

しかしここで注意したいのが、いかなる独裁者といえども恣意的に自らの意思を押し通すことはできないということだ。本当の意味で全権を有したカリスマ独裁者は、実は歴史上存在しないのである。

ナチス・ドイツ第三帝国の構造を鋭い切り口で分析し、独裁政治の内在的論理を解明した古典として、英国の歴史学者イアン・カーショーによる『ヒトラー』があげられる。カーショーは、ヒトラーが独裁者で恣意的に政策を展開したとの見方を退ける。

〈政府の崩壊、イデオロギー上の目標の明確化、総統絶対主義というこれらの三つの傾向は、相互に緊密に関連していた。この展開においては、外交政策でヒトラー自身がとった行動はきわめて重要だった。しかし決定的だったのは、ヴィリケンス（著者註：プロイセン農務省事務次官のヴェルナー・ヴィリケンス）の演説で何気なく指摘されていた点である。すなわち、ヒトラーの個人支配は、下からの急進的なイニシアティヴを誘発し、ヒトラーがゆるく規定する目標と一致するかぎり、そうしたイニシアティヴを後押しした。このことは、競合しあう諸部局のあいだでも、そうした諸部局内の個々人のあいだでも、つまりは体制のあらゆるレベルで猛烈な競争を生んだ。第三帝国というダーウィニズムの密林では、「総統の意志」を先んじて実行し、ヒトラーが目指し望んでいると思われることを進めるべく、命じられる前にイニシアティヴを発揮することが権力と出世の道だった。ナチ党の幹部やイデオローグにとっても、親衛隊の「権力テクノクラート」にとっても、「総統の意をくんで働く」というのはまさに文字通りの意味だった。しかし、隣人をゲシュタポに密告し、個人的な敵意やルサンチマンを政治的非難のかたちに変えることで利益につなげようとする一般市民、反ユダヤ立法を利用して競争相手を排除して満足する商人、他人を犠牲にして体制に日々ちょっとした協力をする多くの人びとも、動機は何であれ、間接的には「総統の意をくんで働いて」いたのだといえなくもない。結果として、彼らはあくなき急進化を助長し、そこから総統の「使命」というかたちで政策目標が徐々に具体化することになったのだ。〉（イアン・カーショー『ヒトラー　上　1889－1936　傲慢』白水社）

ここで重要なのは、体制のあらゆるレベルで猛烈な競争、すなわち「忠誠心競争」が行われていたという指摘である。たとえば、親衛隊（ＳＳ）と国防省は重複する課題をヒトラーから課せられ競争し、外交に関してもナチ党の外交部局と外務省は競合関係にあった。それぞれのグループがヒトラーの意向を「忖度《そんたく》」して、競争し、ナチス・ドイツ第三帝国が一枚岩であるという擬制が生じた。

究極の忖度政治がとられるなかで、どの側近グループにとっても、ヒトラーが独裁者のように映ることが自らの利益にかなうようになった。たしかにヒトラーは、アジテーションで人を誘引するカリスマ性を有していたが、同時に周囲の人間がそれを利用したのである。利益を追求する政治エリート、経済エリート、文化エリートの力の均衡をつくり出し、組織化していくことこそが、独裁者の才能なのだ。

ナチスの統治は、民衆にとっては暴力による恐怖政治であったという印象が強い。しかしそれも実態に反していると、カーショーは指摘する。

〈無数の普通のドイツ人も、彼らが行った行為（もしくは不作為）は、ヒトラーのいわゆる誘因力のせいだと説明したり、弁明したりした。そして自分たちは、救済を約束しながら、最後には永遠の断罪をもたらした指導者に騙されたのだと主張した。もしくは、恐るべき全体主義的なテロのせいで、自分が不賛成だった命令に従う以外になかったのだと弁解した。だが、これらの反応はどれも見当違いだった。

なぜなら、十分な根拠に基づいて示されているように、ヒトラーが率いたナチ体制は、それが続いた12年のうち大部分の期間で、その意思を敵対する多数の国民に強要する、狭い支持基盤に依拠した専制ではなかったからだ。それは戦争末期の「狂気による暴走」まで、体制のテロは（少なくともドイツ国内では）、とくに特定の人種的、政治的な敵を標的としており、決して無作為かつ恣意的に行使されたわけではなかった。他方で、体制との少なくとも部分的な合意は、あらゆる社会層に幅広く存在していた。〉（『ヒトラー　下　1936－1945　天罰』白水社）

たとえば、ワンマン経営の社長がいる会社があるとして、その会社が不祥事を起こしたとしよう。すると従業員たちは、「社長は本当にひどかった」とか、「悪いとは思ったけど誰も何も言えなかった」などと口にするだろう。しかし実態は違っていて、不祥事が起こるまでその従業員たちは、ワンマン社長の周りに派閥をつくって、その中で出世なり評価なりを得ようとして進んで行動していたはずである。過去の企業不祥事の例を振り返れば、きっと思い当たる節があるだろう。日産の元会長カルロス・ゴーンを側近が手のひらを返して叩きまくったことは記憶に新しい。

構成員がそれぞれのグループの中でうまく立ち回り利益を追求することで、ワンマンなトップの方針は加速度的に助長され、やがて引き返しようのないところに行きつく。ヒトラーもこの例に漏れず、気がつけば独ソ戦という泥沼の中で降りようがなくなってしまったのだ。

こうした観点からも、独裁政治は決して過去の遺物ではない。むしろ危機に陥った現在こそ、指導者への忖度が生み出す「強要されない独裁」への警戒心を常に持ち合わせなくてはならない。

「人種根絶思想」は書斎で生まれた

ヒトラーの思想の際立った特徴が、優生思想に基づく人種根絶である。ユダヤ人に対する偏見を特段持ち合わせないオーストリアの家庭に生まれたヒトラーが、なぜ、ユダヤ人絶滅政策を企てたのか。その鍵は、ヒトラーが愛読した蔵書の中にある。

歴史家のティモシー・ライバックが刊行した『ヒトラーの秘密図書館』は、ヒトラーの思想背景を知るうえできわめて有益な書である。ライバックは世界中に散逸するヒトラーの蔵書を6年の歳月をかけて渉猟、調査した。米軍によって押収され、今もアメリカ議会図書館に眠るヒトラーの蔵書のみならず、ソ連軍の奪取文書、ドイツの犯罪捜査局の鑑定結果報告書にまで対象は及ぶ。本の入手経路、献本者の献辞、ヒトラー自らが記したアンダーラインや余白の書き込みの分析を行い、秘書だった女性などヒトラーの読書習慣を側で見知っていた人々への聞き取り調査も行っている。

その中で、ライバックは1冊の書に着目する。

〈ヒトラーの現存する蔵書の中で、このアメリカ人優生学者の本、マディソン・グラント著『偉大な人種の消滅――ヨーロッパ史の人種的基礎』のドイツ語版ほど、ヒトラーの思想、ひいては最終的には彼の行動に明確な、ないし測定可能な影響を与えた本は少ない。（中略）

不吉なタイトル及び添えられた図版が示しているように、この本は、ヨーロッパ大陸全土及びユーラシア大陸の残りの大部分は数千年間にわたって北欧人種の侵入を受け、支配されてきたのだが、その後、北欧人種は他の人種に取って代わられるか、あるいは吸収されてしまった、と述べているのである。ここから学ぶべき、歴史の重大な教訓がある。衰退した「偉大な人種」とともに、断固たる行動を取ることが必要である。人種的国境線を決定し、人種そのものを浄化しなければならない、と。

この本の中でグラントは、社会的ダーウィニズムや当時新興の研究分野であった優生学において盛んにおこなわれていた人種のステレオタイプ化を民族移動及び歴史と結びつけ、人種の発達に関する、独特ではあるがまがい物の理論を作り上げている。この目的を達成するため、グラントはずさんな一般化を多用し、歴史を恣意的に選択し、うさんくさい手法やデータを駆使して、これらすべてを確信的かつ残酷な、あからさまに人種差別的なメッセージにまとめ上げた。

これこそ、ヒトラーに訴えかけるたぐいの知的態度であった。そして、これがヒトラーの目を新たな観点へと開かせることになった。〉（ティモシー・ライバック『ヒトラーの秘密図書館』文藝春秋）

マディソン・グラントは、アメリカの建国理念に反する移民の流入阻止を説き、1924年のアメリカ移民法成立を推進した人物として知られる。ヒトラーはこの「北方人種（いわゆる「アーリア人種説」におけるアーリア人の一種）」の優越性を説くグラントの書を熱心に読み込み、「この本は私の『聖書』です」と手紙にしたためグラント自身に送っていた、とライバックは記す。でっち上げの優生思想のルーツが、ドイツというよりはむしろアメリカにあったということがこの書を読むとよくわかる。

公的学校は小学校までしか卒業しておらず、大学にも通っていないヒトラーは独学者であった。夜中に読書する習慣は青年期から十数年も続いており、その態度は真面目であったという。ナチスの記録映画『意志の勝利』やベルリン五輪の記録映画『オリンピア』の監督として知られるレニ・リーフェンシュタールに対して、「遅れを取り戻す必要があるのです」と語ったという回想も、『ヒトラーの秘密図書館』には掲載されている。

ヒトラーにとっての読書は楽しみのためのものではない。政治闘争のための武器であった。技術的に有益な断片を拾い上げることが読書術の中心であり、彼の頭の中にある観念の「モザイク」に適合する事実に線を引き、利用するのである。興味深いことにヒトラーは、必要な記述を自家薬籠中のものとするために、朝食時、身近な者に対して、前夜読んだ書の内容を何度も討議して記憶の定着化を図っていたという。

適者生存、弱肉強食の社会ダーウィニズムを信奉したヒトラーが、虚無的で意志を重視するショーペンハウアーやニーチェと親和的な思想を抱いていたことは広く知られている。しかし『ヒトラーの秘密図書館』でライバックは、〈実際にはヨハン・ゴットリープ・フィヒテこそ、文体といい精神といい原動力といい、ヒトラーと彼の国家社会主義運動に最も近い思想家である。〉と指摘している。

フィヒテは、カントとヘーゲルをつなぐドイツ古典哲学の正統的な観念論哲学者だ。ショーペンハウアーやニーチェのような社会をななめから見ている哲学者ではない。ベルリン大学の初代総長であり、ナポレオン戦争下で揺れるプロイセンでドイツ国民国家の形成を呼びかけた。「ドイツ国民に告ぐ」と題された演説が、つとに知られている。ドイツ思想史に欠かすことのできない存在であるフィヒテだが、ヒトラーが、彼の正当な思想の継承者だとライバックは分析する。〈フィヒテと同じようにヒトラーも、民衆の蜂起による「政治エリートの転覆」を呼びかけた。フィヒテは、「民族の戦い」という言葉も使った。フィヒテと同じようにヒトラーも、分断されたドイツの統一を望んだ。議会民主主義の政治対話を糾弾し、ドイツ国民との直接対話を求めるとき、ヒトラーは明らかにフィヒテを意識して「ドイツ国民に告ぐ」という言葉を使っている。〉（前掲書）

この見方からすると、ナチズムは、ドイツ思想における特異な、例外的現象ではなく、まっとうな正統的思想がちょっとしたはずみで軌道をそれた結果ということになる。後世から見れば極端で、理解に苦しむヒトラーの思想も、実は当時の「知」の集積（中途半端な知識の粗暴な寄せ集め、ではあるが）の結果であったのだ。

危機の時代と「ニヒリズムの革命」

ヒトラーの思想を特徴づけるもう一つの要素がニヒリズムである。一般には虚無主義と訳される哲学用語であるが、この言葉を舛添要一が見事な形で訳した。

〈「虚無（ニヒル）」というのは、真理も価値も道徳も「何も無い」、「空っぽ」という意味で、厭世的な気分を指しますが、私は、ナチズムとの関連では、ニヒリズムとは「破れかぶれ」、「やけっぱち」、「場当たり的」と訳したら分かりやすいのではないかと思います。

私たちは、ある目標があると、それに向かって生き生きと前進していきますが、逆に、人生の目的、生きる価値などがなくなったら、どうなるでしょうか。自暴自棄になり、物を破壊したり、他人に当たったり、まさに「破れかぶれ」といった状況に陥ります。それがニヒリズムなのです。〉（舛添要一『ヒトラーの正体』小学館）

現下の日本でも、人生の目的や生きる価値を見出すことができず、「破れかぶれ」になっている人が少なからずいる。このような人たちを糾合し、引きずり込むことが「ニヒリズムの革命」である。

この点において、ヒトラーとスターリンは、実に好対照であったといえる。スターリンの場合、独裁することに対する使命感があった。「みんなで幸せになるために、みんなで共産化するべきだ」ということである。確たる目標を志向したという意味では、ムッソリーニも金正恩も同様だ。

しかし、ヒトラーの場合は違う。「とにかく生き残るのだ」という一種の強迫観念しかないのである。たしかに彼は、命がけで生存圏拡大のための政治をし、その姿勢は勤勉であり誠実であったとすらいえよう。しかし生存以外の理念、目的は何もない。裏を返せば「失うものは何もない」のだから、死ぬことだって怖くない。適者生存、弱肉強食の世界でもしドイツが負けてしまうのであれば、ドイツは弱かったままでのこと、なのである。

実際、ヨアヒム・フェストの『ヒトラー　最期の12日間』（岩波書店）で描写された防空壕での様子は、ヒトラーの本質を如実に表しているといえる。同名の映画で見知った人も多いだろう。

菜食主義者で通していたヒトラーは、実はチョコレートケーキが大好きだった。

これまでは太るからと控えていた好物を、ベルリン陥落を目前にした最後の誕生日、地下壕の中で彼はうれしそうに頬張る。その姿には、あれほど大言壮語していた「ドイツへの愛着」の面影はまるでない。滅亡することへの恐れもそこにはなく、ただ「ドイツは弱かったから負けたのだ」という諦観だけがある。

死や滅亡を恐れないニヒリズムというのは、やはりヒトラーに特有のキャラクターであり、他の独裁者を見ても類例がない。そのようなヒトラーのナチズムになぜ社会全体が熱狂したのか、いまだに解明し切れたとはいえまい。どのような言葉で語っても、漏れ出てしまう不可解さが残り、それゆえ今なお研究が続けられている。

強者のヒューマニティ

最後にヒトラー自身の言葉、『わが闘争』を見直しておこう。

〈まず第一に、そしてなにより多く私を考えこませたことは、個々人がおよそ責任というものを明らかに欠いている、ということであった。

議会が何かを決議する。その結果が非常にとんでもないことであっても――だれもそれに対して責任をとらず、だれも責任を問われることがない。一旦破綻したあとでも、罪のある政府が総辞職すれば、これでなんらかの責任をとったというのか？あるいは連立を変更したり、それればかりでなく議会を解散すればそれでいいのか？

一体全体、多数の優柔不断にいつか責任を負わすことができるのだろうか？すべての責任感というのは、人に結び付いていないのだろうか？〉（アドルフ・ヒトラー『わが闘争（上）』角川文庫）

この批判は、現下日本の政治状況にそっくり当てはまるだろう。

国民は、凡庸な指導者が次々と現れることに慣れ、政治にまったく期待しなくなる。その結果、国家が弱体化し、外敵につけ込む隙を与えると警鐘を鳴らす。ヒトラーは、人間の劣等感や嫉妬心など、目に見えない感情を捉える天才的才能をもって、この危機に介入した。危機の時代の国家指導者は、有象無象の国民によって選ばれるのではなく、卓越した能力、決断力と豪胆を備え、国家と民族のために命を捧げる覚悟ができている者でないと務まらないと喧伝《けんでん》し、弱肉強食以外のいかなる論理も承認しなかった。人間には力の論理を超える価値は何もないというニヒリズムを、弱者のヒューマニティに取って代わる「強者のヒューマニティ」と位置づけたのだ。

政治や経済は停滞し、社会の分断は解消されず、希望のある未来が共有しづらい時代、国家の弱体化の入り口に立っている現代日本は、この「ニヒリズムの革命」が社会の熱狂的な支持を集め、破滅的な終局に至った過去の歴史を、今一度思い返さなければならない。

第八章

毛沢東

「神話」を生み出すプラグマティズム

中華人民共和国は、最高指導者のカリスマ性に依拠した支配を続けてきた国である。建国の祖・毛沢東に始まり、鄧小平、江沢民、胡錦濤、そして現在の習近平と、いずれも国内においては絶対的な求心力をもって統治を行ってきた。いわば、最高指導者の人格、人間性が国を体現している、といえるだろう。スターリンやヒトラーにもカリスマ性があったが、代を重ねるなかでもカリスマ独裁が継続するところにこの国の特徴がある。

なかでも毛沢東は、その強烈な個性で農民、プロレタリアートを糾合し、反対者を徹底的に弾圧しつつ権力の座に君臨し続けた。今なお、天安門に毛沢東の肖像が掲げられ続けるのは、そのカリスマ性がこの国に内在し続けていることの証左にほかならない。

彼の思想が現代にもそのまま適用できるとは中国人自身も考えていないだろう。しかし、毛沢東の「物語」は、新型コロナウイルスの震源となってなお、帝国主義的な権益拡大志向を隠そうとしなかったこの国の内在的論理を読み解くうえで重要な鍵となる。

山賊でもやくざでも、使えるものは使え

毛沢東から現代の習近平まで、中華人民共和国による独裁の歴史をわかりやすくひもといた書として、楊海英の著書『独裁の中国現代史』（文藝春秋）がある。その中で、まだ毛沢東が革命を始めて間もない時期のエピソードが紹介されている。

〈毛沢東が井崗山で最初の革命根拠地をつくったときの興味深いエピソードがあります。

そこには袁文才と王佐という二人の山賊集団のリーダーがいたのですが、毛沢東は彼らを訪ね、義兄弟の契りを結ぶのです。山賊は自分たちの豚を潰して毛沢東を歓待しました。字も読めない山賊たちからすれば、毛沢東は知識人として尊敬の対象となります。しかし毛沢東は「あなたたちが頭で、私は軍師でかまわない」と低姿勢で、山賊たちを取り込むのです。こうして毛沢東たち共産党の軍団は、うまく山賊集団に寄生します。そして、しばらくすると山賊の二人の首領を「お前たちは匪賊で、革命も何も知らず、人民に害を及ぼしている」と指弾して処刑してしまうのです。これは毛沢東がいかにして農村地帯に入り込んでいったかをよくあらわしています。〉（楊海英『独裁の中国現代史』文藝春秋）

使えるものなら山賊でもなんでも使ってしまおうということだ。また毛沢東自身が残した初期の論文「中国社会各階級の分析」（1926年3月）においても、このように述べている。

〈このほかにもなお、数のすくなくないルンペン・プロレタリアがいる。土地をうしなった農民や仕事にありつけない手工業労働者がそれである。かれらは、世の中でいちばん不安定な生活をしている。かれらは各地に秘密組織をもっており、たとえば、福建、広東両省の「三合会」、湖南、湖北、貴州、四川の諸省の「哥老会」、安徽、河南、山東などの諸省の「大刀会」、直隷省および東北三省の「在理会」、上海などの「青幫」は、みなかれらの政治的経済的闘争の相互援助団体であった。これらの人びとをどうあつかうかは、中国のむずかしい問題の一つである。これらの人びとは非常に勇敢にたたかえるが、破壊性をもっている。うまくみちびけば、革命の力になりうる。〉（『毛沢東選集　第一巻』外文出版社）

ここで挙げられた団体は総じて「幇（ぱん）」と呼ばれ、現代でいえばゴロツキ、やくざの組織のようなものだ。通常、国家指導者になるような人物は、こうした暴力的団体を好まない。国家の統制に従わない、独自のネットワークと暴力装置を持った「中間団体」として、忌避の対象になる。マルクスとエンゲルスも、1

848年の『共産党宣言』において、ルンペンプロレタリアートは資本家側に買収される反革命的な勢力であると位置づけている。

しかし毛沢東は、彼らを肯定的に評価し、そのエネルギーを自らの組織、体制の中に取り込もうとした。「お前らそんなところで拗ねてないで、こっちに来い」と誘っていくのである。そして彼ら全員に自分たちと同じ人民服を着させて、貧富の差を隠し、みな同じ平等な軍人に仕立て上げてしまうのである。

彼らは国家には従わないが、中間団体の長には忠実に命がけで従う。新たな長に収まった毛沢東は、彼らを革命のための私的な暴力装置として用いるのである。こうした中間団体を好み、巧みに扱うところが、他の独裁者にはあまり見られない毛沢東のひとつの特徴である。1966年以降のプロレタリア文化大革命においても、不満を持つ学生や労働者を権力者側から動員し、「造反有理」のスローガンの下、紅衛兵に仕立て上げた。その中には、字を読めない者も多数いた。

革命を実現するためには、中間団体の力をも利用してしまうという発想は、一種のプラグマティズムであり、毛沢東の思想的特徴であるといえるだろう。

理論よりも「行動」と「実践」

もともと中国共産党は、新文化運動を推進した陳独秀や李大釗といったインテリゲンツィアが始めた秘密結社である。1919年に発生した五・四運動で革命機運が高まるなか、レーニンがつくったコミンテルン（第3インターナショナル）の指導を受けて1921年に成立した。当初は孫文率いる中国国民党と連携したが、蔣介石が起こした上海クーデター（1927年）によって国民党と共産党は分裂する。共産党は都市部を逃れ、井崗山など農村部に革命根拠地をつくる方針に転換したが、その過程で農民層を大量に党に取り入れ組織化し、頭角を現していったのが毛沢東である。

師範学校を卒業し、図書館の司書補や教職を経て共産党結党に参加したが、当時彼はまだ20代の若者であった。中国の歴史書などを好んで読んでいたといわれるが、マルクスの『資本論』を読んでいた形跡はほとんどない。にもかかわらず、党内で圧倒的なカリスマ性を獲得し得たのは、ひとえに行動、実践によるものである。理論立てて行動した結党時のインテリとは、この点で大きく異なっていた。

その後、共産党は国民党に追われ長征（1934〜1936年）に乗り出すが、ここでも毛沢東の行動主義が遺憾なく発揮され、指導権をコミンテルンから完全に奪取し、権力の座を不動のものとする。

理論よりも実践を重視する姿勢は、1930年に発表した「書物主義に反対する」という著作にもよく表れている。

〈きみがある問題について調査をしていなければ、その問題についてきみの発言権を停止する。それはあまりに乱暴ではないか。すこしも乱暴ではない。その問題の現在の状況と歴史的な状況を調査しておらず、その実情を知らないのだから。その問題についての発言はでたらめにきまっている。でたらめでは問題が解決できないことは、だれでも知っている。してみると、きみの発言権を停止するのはどうして不当なことといえようか。多くの同志は一日じゅう目をつぶってでたらめをいっているが、これは共産党員の恥である。共産党員ともあろうものが目をつぶって、でたらめをいってよいだろうか。

いけない！

いけない！

調査に力を入れよう！

でたらめな発言に反対する！〉（『毛沢東著作選』外文出版社、「北京」に収録）

ここで毛沢東の言う「調査」とは、文書中心の調査ではないことに注意が必要だ。

〈書物にでていることならなんでも正しいとおもうこうした心理は、文化の面でたちおくれた中国の農民のなかに、いまでもまだ残っている。不思議なことに、共産党の内部で討議するときでも、口をひらけば「本をもってこい」というものがいる。われわれが上級の指導機関の指示が正しいというのは、たんにそれが「上級の指導機関」から出されたものだからではけっしてなく、その「指示の内容」が闘争の客観的状況と主観的状況に合致しており、闘争に必要なものだからである。（中略）ひたすら盲目的に指示を実行するという、こうした「上級」観念だけに立脚した形式主義的な態度はひじょうにまちがっている。〉（前掲書）

彼は権威づけされた文書による調査ではなく、調査会を開いて討論方式で調査するべきだと述べており、その方法論まで細かに語っている。幅広い層の人間を集めた調査会によってコレクティブ・インテリジェンス（集合知）を形成するべきだとしており、このアプローチ自体は正しい。

文書主義に陥っている官僚組織などにとっては、とくに耳の痛い指摘だろう。

ただし毛沢東は、同時に上級の指導機関への絶対服従を要求した。それを可能にしたのは、農民からゴロツキまでかき集めて結成した従順な暴力装置を有していたからである。政治闘争の中で、必要とあらば躊躇《ちゅうちょ》なく暴力を行使する。粛清もためらわない。「政権は銃口から生まれる」ことを、彼ははっきりと口にしている。

対日戦後、「解放戦争」によって蔣介石を本土から追い出した毛沢東は、1949年に中華人民共和国を建国し革命の成就を宣言する。建国以後も、過去の中国諸王朝における官僚（文人）支配とは一線を画した、先軍支配体制を敷いた。人民解放軍は国家の軍隊ではなく中国共産党の軍隊であり、いわば共産党最高指導者が独占する私的暴力装置である。この体制は今なお変わらない。

「誤り三分、功績七分」の巧妙なレトリック

理念よりも実践を重んずる毛沢東の統治は、その時々の状況に対応して方針を決定する現実主義的なものであったといえる。むろん、共産主義を旗印に掲げてはいたが、あくまで表向きの理念であった。毛沢東の目指した真の国家目標は、概ね二点に集約されるだろう。

一つは外敵に中国を侵略されないこと、もう一つは国民全員が食べていけることである。そのためならば、暴力装置を用いた抑圧も行うし、状況に合わせた方

それゆえ彼の思想的特徴を一言で言い表すならば、プラグマティズムということになるのである。

状況対応型の彼のドクトリンを知るうえで重要な資料の一つが、1956年4月25日に行われた「十大関係について」という演説である。思想家としての毛沢東について論じられる際、通常は革命前の著作が扱われる場合が多い。しかし現在の中国の国家像を考えるうえでは、毛沢東の国家建設思想を知ることが有益であり、彼の現実主義的思想が最も象徴的に表れているのがこの演説なのである。

ここではとくに、毛沢東とソ連の関係に焦点を当てて見てみよう。

演説が行われた少し前の1956年2月、ソ連共産党第20回大会において、フルシチョフ第一書記は秘密報告でスターリン批判を展開した。1953年に死去したスターリンの粛清、個人崇拝を批判し、資本主義陣営対共産主義陣営の戦争不可避論から西側との平和共存路線への転換を図ったのである。この事実は世界、とりわけ東側共産主義国に大きな衝撃と混乱を与えた。

毛沢東は、この「十大関係について」において、スターリン批判に対する異議を巧みな言葉で述べている。スターリン批判以降、戦争不可避論を維持する中国はソ連と距離を取るようになり、次第に対立へと発展していったことは事実だ。

しかし、毛沢東によるスターリン擁護は一種のレトリックであることに気をつけなければならない。

〈ソ連で、かつてはスターリンを一万丈の高さにまで持ちあげていた人が、いまでは一挙にかれを地下九千丈にまでこき下ろしている。わが国にもその尻馬に乗っている者がいる。中央では、スターリンは誤り三分、功績七分で、総じてやはり偉大なマルクス主義者であると認め、この尺度から『プロレタリア階級独裁の歴史的経緯について』の一文を書いた。三分、七分の評価は比較的適切である。スターリンは中国について、いくつかのまちがった事をやった。第二次国内革命戦争後期における王明の「左」翼冒険主義、抗日戦争初期における王明の右翼日和見主義は、いずれもスターリンのところからきたものである。解放戦争の時期には、はじめはわれわれに革命をやるのを許さず、もし内戦をやったら中華民族は壊滅するおそれがあるといった。戦争がはじまると、われわれにたいして半信半疑であった。戦争に勝つと、こんどはチトー式の勝利ではないかとわれわれを疑い、一九四九年、一九五〇年の二年間、われわれに大きな圧力をかけてきた。それでもわれわれは、スターリンは誤り三分、功績七分だとみているのである。これは公正な見方である。〉（『毛沢東選集　第五巻』外文出版社）

要するに、スターリンとソ連共産党は、国共分裂以後の党内における毛沢東のライバルであった王明にテコ入れして、中国革命を妨害した。中国革命が成功すると、ユーゴスラビアのチトー大統領のように、毛沢東がスターリンに対して反旗を翻すのではないかと猜疑心を抱き、ソ連が圧力をかけてきたことを、毛沢東は暴露した。その上で、〈それでもわれわれは、スターリンは誤り三分、功績七分だとみている〉と強調するわけだが、このような評価に明確な積算根拠は実はない。毛沢東が恣意的に「誤り三分、功績七分」という評価をしただけである。大筋でスターリンを評価すると言っておきながら、実は中ソ関係におけるスターリンとソ連の役割を否定的に評価しているのだ。かといって、スターリン批判を展開したフルシチョフに与することはせず、西側との協調に走った当時のソ連もきっちり非難するのである。「誤り三分、功績七分」は実に巧妙なレトリックであり、毛沢東のプラグマティズムが凝縮された一言といえよう。

この「誤り三分、功績七分」は、現在の中国において、そっくりそのまま毛沢東に対する評価として与えられ、定着している。毛沢東イデオロギーの継承と断絶のバランスが巧みにとられており、今なお中国がプラグマティズムの国であることがよくわかる。

「神話」を生み出すプラグマティズム

日本を含む近代国家において、国家を統合する基本原理は国民国家（Nation-State）という考え方である。たとえば「日本民族と日本国家は限りなく近い」といった擬制を用いることで、国家を一つの利益共同体とみなすのである。

他方で、どのような国家においても、その存立基盤には人知を超えた超越的な物語がある。「神話」と言い換えてもよいだろう。利益共同体として国家を構築し、体制の強化を図っても、神話を失うとその国家は内側から瓦解しかねない。日本の場合、神話に起源を持つ皇室が存在する。この現実が日本国家の存立基盤であり、それゆえ、日本人は国家イデオロギーの構築に無頓着でいることができるのだ。

では、中華人民共和国における「神話」とは何か。私は、現在においてもなお、毛沢東の国家イデオロギーが継承されており、国家の存立基盤たり続けていると見る。

作家の高橋和巳は、毛沢東を仏教の菩薩との類比（アナロジー）で理解しようとしているが、鋭い洞察と思う。彼は1967年4月13～26日、プロレタリア文化大革命が進行する中国を訪問した。その旅行記『新しき長城』で、北京の人民美術館を訪問したときの様子について記している。

〈単独行動をとりたがる私は、ひとり小さなスライドに、巧みに描かれた絵の展示に感心して、ふと横に立った参観の解放軍兵士に「誰がかいたんですか」と中国語でたずねたのが運のつきであった。係員以上の熱烈さで、参観の兵士が語りだし、説き来り説き去る懸河のごとき弁説のとりことなった。好意に感謝しつつも、うわの空で相槌を打っていたとき、一人の老婆が菩薩の像をうちこわしている図が目についた。横に簡単な説明文もあるのだが、解放軍兵士は、それを敷衍しつつ大声で語りかける。

地震のおこった時、私を援けてくれたのは毛沢東であって、菩薩ではなく、仏さんは何ひとつしてくれなかった、と老婆は悟ったのだ、と。次には毛沢東の肖像を飾るために、これまでの咒符《じゅふ》を破る図があり、旧い仏壇の中で新しい軍服姿の毛沢東が微笑していた。つづいてまた「階級の情は母子の親しみに勝る」と題して、盲目の老婆に兵士が飯をたべさせている図があり、さらに、一少女が作ったという毛沢東賛美の歌がしるされていた。〉(『高橋和巳作品集7　エッセイ集I(思想篇)』河出書房新社)

菩薩は悟りを開いているが、この世界には、いまだその境地に達せずに苦しんでいる衆生がいる。そこで、あえて仏にならずこの世界にとどまっている。苦しんでいる衆生にとって、菩薩が救いのための媒介項となる。キリスト教では、真の神であり、真の人であるイエス・キリストが媒介項となる。マルクス主義のドクトリンでは、解放のための革命を実現するのはプロレタリアートという階級、すなわち集合体であり、イエス・キリストや菩薩の機能を果たす人格的な媒介者がいない。

しかし、社会を維持するためにこのような媒介項は必要なのである。それだから、菩薩を排除した空間に毛沢東が入ってくるのである。

高橋は続けて、毛沢東に対する個人崇拝についてこう記す。

〈広州のホテルで毛沢東の写真を前に、女子従業員が整列し、『毛主席語録』を斉唱しているのを見たときにも、同じ反応が私の内部で起ったものだった。かつて——戦時中の小学生・中学生だったころ、これに似た情景があったという不愉快な記憶。国家の元首が元首以上の超越者であって、その真影の前に整列し何ごとかを斉唱し、どの家にも仏壇の上、神棚の上にそれがあって空襲に家が焼けても、まずそれを持って逃げよと教えられた記憶。

表面上の現象の相似に惑って、本質を見ぬく目を失ってはならぬと自分に言いきかせながらも、破壊された菩薩のあとに飾られた毛沢東の写真を見ては、ほとんど怒りに近い感情が湧くのは避けえなかった。（中略）

人は心に喜びを覚えたとき、その喜びの内容が新しいものであっても、しばしば表現には常套的な文句しか浮かばぬことがある。古き菩薩の像を壊し、同じ場所に毛沢東の写真を飾った老婆の行為も、おそらくそうしたものであったろう。しかしその行為を許し、さらに展覧会場に図示して賞賛するのは、問題がまた別である。

かつて宗教改革の際、教会や僧侶の手からキリスト教の権威を庶民の精神に還元したように、いま中国の解放の最大の功労者の思想が党や実権派の手から人民の精神に還元されようとしている。「ただ『聖書』によりてのみ」というルターの言葉に近いかたちで、「ただ『毛主席語録』によりてのみ」と叫ばれている。〉（前掲書）

文化大革命時に作成された赤い『毛沢東語録（毛主席語録）』は、人民にとっての「聖書」たり得た。「正しい答えはこれだ、お前たちは考えなくてよい」との教育は、まさにイデオロギー統制の最たる例であるが、この赤い本は国外にまで広く流通し、数千万部の大ベストセラーとなった。当時の世界の若者にとって、フルシチョフ以後のソ連が官僚化されていくのに対して、異なる形の理想であるかのように映ったのである。

ここで気をつけたいのは、国家権力による強制によって、人々が毛沢東の肖像画を自宅に飾ったり「語録」を掲げたりしているわけではないということだ。無意識のうちに、国家指導者である毛沢東に菩薩の機能を期待しているのである。各々の利益追求のためにヒトラーを「独裁者」としてまつり上げたナチス・ドイツとの類比を、見ることができよう。

中華人民共和国を形作った毛沢東神話の核心は、マルクス、レーニン、スターリンの系譜につながる社会主義ではない。マルクス主義のドクトリンやスターリンに対抗して、中華人民共和国という新たな国家をつくり、まがりなりにも維持したプラグマティズムなのである。プラグマティズムの背後には超越性がある。

実際に（プラグマティックに）成果を上げる主体は、真理を掴んでいる、とすることで超越性を持つ。目に見えない真理を掴み出す技法が、毛沢東のプラグマティズムであり、その実践者であるがゆえに毛沢東は神話となったのだ。

「大躍進政策」の失敗

産業社会への転換を進めた現在の中国の経済体制は、もはや誰の目にも資本主義そのものである。その礎を築いたのは、毛沢東死後に最高権力者となった鄧小平である。

鄧小平は、「改革開放」「四つの現代化」の名の下、急速な経済近代化を推進した。「白い猫でも黒い猫でも、ネズミを捕るのはよい猫である」という彼の言葉は、国民が豊かになるのであれば共産主義国家建設には頓着しない姿勢を示している。やはり現実主義的であり、彼もまた中国的プラグマティズムの体現者といえよう。

対する毛沢東は、あくまで共産主義社会の建設を究極的な理念形としていた。その前段階である社会主義化を進めつつも、一足飛びの共産主義化は困難であるから、資本主義ともある程度妥協するという姿勢であった。

1953年には、修正資本主義的な国家モデルについて検討していた形跡も残されている（『毛沢東選集 第五巻』収録「国家資本主義について」）ものの、毛沢東にとってはあくまでも社会主義国家としての躍進こそが、進むべき方向性だった。

そのための壮大な実験ともいえるのが、1958年からの「大躍進政策」である。これによって国内経済は崩壊の危機に直面する。社会主義建設の加速を目指した経済実験であったが、科学的見識が決定的に欠如していたのだ。

農作物生産を増やすために、人々に延々と鍋を叩かせてスズメを追い回し、疲れさせて絶滅させるという運動を展開した。するとスズメが食べていた害虫が大量発生して農作物は大きなダメージを受け、さらに生態系そのものが破壊されてしまった。あるいは、鉄鋼を増産するために、農民に鍋やら農耕具やら、あらゆる鉄製品を溶かして鉄鋼をつくれと命じた。当然、粗悪なくず鉄しかできず、逆に農地のさらなる荒廃をもたらした。一説には2000万人が餓死したとされるこの実験の大失敗により、毛沢東の権力は一時失墜する。

代わって台頭した劉少奇が、ある程度の経済立て直しに成功するが、その劉少奇らの経済的成功に嫉妬した毛沢東は、彼らを資本主義の手先だと非難してプロレタリア文化大革命へと突入する。そして再び、中国経済は混乱の極みに陥った。

経済体制の確立という点で毛沢東は、成果を出すどころか大きな汚点を残しており、毛沢東と鄧小平の間には断絶があったと見るのが妥当だろう。

場当たり的な状況対応で資本主義大国へ

このように中華人民共和国は、鄧小平の現実化路線によって資本主義へと舵を切ったわけだが、これとて決して意図した目論見ではなかっただろう。「社会主義市場経済」という名で市場経済を一部取り入れてみたら、いつの間にか資本主義の国に変わっていたということだ。

マルクス主義では、経済構造が政治体制を制約すると考える。中国が資本主義的構造に変化したということになると、中国共産党は、共産主義という看板を掲げていても、その本質は資本主義的に変質しているということになる。

目の前の問題を解決する力が非常に大きく、状況に柔軟に対応できるとも評価できるが、悪く言えば行き当たりばったりということになる。国家構築の確たる設計図、将来構想は持たず、専ら現実の課題に尽力する。これが毛沢東の時代から変わらない、中国的プラグマティズムの核心だろう。逆に、近年の日本の外交に欠けているのが、こうしたプラグマティズムであることも指摘しておきたい。

中国は、産業化の過程で日本に対して敵のイメージを持つことで、（中華帝国の漢族ではなく）近代的民族としての「中国人」を形成してきた。日本と中国を真の友好国とするという目的設定は、現状の国家間においては実現困難なものと割り切って考えたほうがよい。

　そんな隣人と、日本はどのように付き合っていけばよいのだろうか。毛沢東自身の言葉から、そのヒントを探ってみるのも一つの手かもしれない。

〈戦略的にはすべての敵を軽視し、戦術的にはすべての敵を重視せよということである。すなわち、全体的には敵を軽視しなければならないが、個々の具体的な問題では敵を重視しなければならない、ということである。もし、全体的に敵を軽視しなければ、われわれは日和見主義の誤りを犯す。（中略）戦争は戦闘を一回ずつすることでしかできないし、敵は一部ずつ消滅するしかほかはない。工場は一つずつしか建てられず、農民は田を一枚ずつしか耕せない。飯を食うのも同じことである。われわれは戦略的には飯を軽視する。この飯はたいらげることはできるというわけだ。しかし、具体的に食べるとなると、やはり一口ずつ食うのである。一卓分の酒や料理を一口で呑みこむことはできない。これを個別的解決といい、軍事の書物では各個撃破という。〉（毛沢東「各国共産党・労働者党にモスクワ会議における講話」、１９５７年11月18日）

　戦略的に見れば、資本主義経済と共産党政治は相容れず、構造的に人口も減少しており、民族問題も深刻なので、中国の現体制はいずれ崩壊する。だから日本は中国を過剰に恐れる必要はない。

他方、戦術的には、経済、軍事、歴史などあらゆるカードを用いて帝国主義的拡張政策を展開する中国を侮ってはならない。中国の吹っかけてくる無理難題を、忍耐強く各個撃破する政治力と外交力が、日本には必要だ。

第九章

ヨシフ・スターリン

実直な職業革命家の「理想の世界」

独裁者は単体では生まれない

「血の粛清」で悪名高いヨシフ・スターリン、言わずと知れたソヴィエト連邦の独裁者である。スターリンというのは、彼の本名ではない。スターリンとは「鋼鉄の人」という意味を持つ彼の筆名のひとつである。その名のとおり、彼は鉄の規律で理想の共同体をつくり上げようとした。鉄の規律で人間を徹底的に押さえつけて、平等な世界をつくり上げようとした。

スターリンの真の恐ろしさは、彼個人の属性によるものではない。スターリンの政治理論が私たちに示しているのは、組織というものに内在する暴力性である。独裁者は単体では生まれない。ある人物が突如として求心力を持ち暴走を始めるのではない。組織の中で発生した力を組織内部のさまざまな人間が都合よく利用していくことで徐々にその力が肥大化し、いつのまにか当の本人ですら制御しきれない暴力的な塊としての権力が生まれてしまうのである。

スターリンの死後、ソ連や東欧の社会主義諸国は彼の方法論を批判し、スターリンに関する忌まわしい記憶を極力封印しようとした。しかし、実は彼の内在的理論は脈々とその後のソ連に、そしてプーチン体制下のロシアにも受け継がれているし、日本の官僚型組織のありようとも決して無関係ではない。もっと言えば、多くの企業組織も、このスターリン主義的な理論から完全に自由にはなり得ない。

とくに、コロナ禍において、中国のように個人の権利を制限しやすい独裁体制のほうが封じ込めにうまくいくということが明らかになってからは、「強い為政者にコントロールしてもらったほうが安心でいいのではないか」という空気が蔓延し始めている。スターリンのような「鉄の規律」を持った指導者に導かれることを人々が自ら求め始めるのである。

誰から頼まれたわけでもないのに自粛警察が蔓延したコロナ禍の日本の状況は、限りなくそれに近かった。マスクから鼻を出していた受験生が1人いただけで、NHKから全国紙まで一斉にニュースで扱うという異常さ。50万人も受験生がいれば、1人くらい注意を守らない人間がいても何ら不思議ではないのだが、それを一斉に報じる空気に、恐ろしさすら感じた。

社会が自信を喪失したとき、社会に不安が蔓延したとき、多様な価値観を包摂する民主主義というシステムを突き崩すような独裁体制が生まれるリスクはきわめて高くなる。スターリンという独裁者から今、私たちが学ぶべきことは少なくない。

レーニンの構想を忠実に継承

スターリンは、レーニンを信奉し、レーニンの描いた革命の構想を忠実に継承した政治家である。レーニンが続投していればあのような粛清の嵐は吹き荒れなかったのではないかといった考え方もあるが、それは間違っている。レーニンの考えを具体的に実践していっても、粛清と弾圧は組織として避けられなかったはずだ。

レーニンは、発達した資本主義という段階を踏まなければ革命に至らないと考える従来のマルクス主義者たちとは異なり、資本主義の発達などを待たずとも、職業革命家たちによる暴力的な手段によって革命は実現できると考えた。ロシアは長いことツァーリが支配する帝国、人民が服従する国だったので、そのツァーリの権力を奪取さえすれば、人民を服従させて社会主義革命を実現させることは可能だと考えたのだ。

レーニンはピンポイントで物事を発想する人間だった。その彼の点と点の構想を具体的に展開するための理論を構築したのがスターリンだった。スターリンは政治家であったのみならず、哲学、経済、民族問題、言語学などに関する理論家でもあった。

言うなれば、彼は本来、番頭的な立ち位置の人間だった。トップに立つ人間の構想に論理的肉づけをして着実に実行していくタイプだったのである。菅義偉前首相も、実はそうした番頭的なポジションで一番才覚を発揮する人だったのではないかと考える。

指導者という意味では、スターリンよりはるかにトロツキーあるいはブハーリンのほうが指導者然としていた。当初のスターリンは、革命家たちの中で、いかにも頼りなく見えたはずだ。しかし、粛清と弾圧によって、彼は権力基盤を確実なものとしていった。トップに立つべきではない人が立ったとき、本人の猜疑心とともに権力に忖度《そんたく》した集団によって組織が暴走する危険性はきわめて高まる。

共産主義者であり帝国主義者

スターリンには二つの顔がある。一つは共産主義者という顔だ。レーニンの後継者として一国社会主義路線を推し進めていくにあたり、理想の共産主義社会実現の日までは、革命に反対するあらゆる敵勢力を暴力で封じ込めなければならないというプロレタリア独裁を敷いた。

いつの日か起こるであろう世界共産主義革命の拠点として、その来るべき日まで社会主義国家・ソ連を存続させることを自らの使命とした。「来るべき日」が、決してそう近くはないこともスターリンは認識していたはずである。

彼は、グルジアの神学校で学んだ（ただし中退）。彼の教育の基礎は神学にあった。イエス・キリストは「私はすぐに来る」と言って去っている。キリスト教では、その2000年前の約束が今に至るまで信じられている。スターリンが、それくらい長いスパンで世界共産主義革命実現の日を見据えていたとしても何ら不思議ではない。

一方、ソヴィエト政権は無神論を公式イデオロギーに掲げて成立した。レーニンは戦闘的無神論の名の下、反ロシア正教会政策を強硬に推し進めていったが、あらゆる宗教を等しく弾圧したのではなかった。プロテスタント諸派に対しては聖書や宗教書の発行を認め、教勢拡大を支援した。ロシア帝政時代においてはロシア正教が国教であり、プロテスタント諸派は国家から圧迫を受けていた。これらの諸派を逆に利用することで、ロシア正教会の弱体化を狙ったのだ。

レーニンの戦闘的無神論を継承したスターリンは、共産主義という信仰告白によって維持される信仰共同体をつくろうとしていく。神学論争によって思考を鍛えられてきたスターリンは、宗教が人間の行動に大きな影響を与えることを自覚していたのだ。このことについては、のちほど詳述したい。

スターリンの二つ目の顔は、帝国主義者の顔である。これはロシア民族主義とは異なる。スターリンはオセチア系のグルジア人であり、ロシア人の血は流れていない。そもそも、「プロレタリアートに祖国はない」というマルクス主義のドクトリンにおいて、民族には意味がない。民族ではなく階級によって歴史は切り開かれていくからである。

しかし、グルジアで生まれたスターリンは民族問題の複雑さを熟知していた。そのため、極端な反イスラム政策を避け、民族に自治権を認めるという餌をぶら下げ、アジアとヨーロッパにまたがるユーラシア独自のありようとして「ユーラシア主義」を掲げ、複雑な諸民族の問題を棚上げしたまま権力の中枢を掌握した。

スターリンは、民族自治を認めるに当たって共和国を二つに種類分けした。一つが、主権国家としてソ連と自発的に同盟を結んだものとした「連邦構成共和国」、もう一つが、独自の憲法と議会と政府を建前上は持っているが、外務省を持たず（つまり外交能力を持たず）ソ連から離脱する権利を持たない「自治共和国」である。

スターリンは、民族の発展段階の違いによってこの二つを選別した。ロシア人、ベラルーシ人、ウクライナ人、リトアニア人、ラトビア人、エストニア人、アルメニア人、グルジア人、アゼルバイジャン人、ウズベク人、カザフ人、トルクメン人、キルギス人、タジク人、モルドバ人の15民族は高度に発展しているとして、主権共和国を形成する権利が与えられた。それに対し、ダゲスタン人、チェチェン人、オセット人、ブリヤード（モンゴル）人などは発展が不十分のため、ソ連国家から恩恵的に自治共和国としての身分が与えられたにすぎなかった。スターリンは、これらの自治共和国にもソ連体制の枠を壊さない範囲で民族教育を許容し、土着の文化を保全して自治政府を形成させた。

しかし、こうした民族自治はあくまで過渡期の対策にすぎなかった。いずれ、共産主義が進めば民族は自然に消滅し、中央集権的な計画経済の下ですべての人々が暮らすようになるとスターリンは考えていた。

〈すべてこれらの大きな諸事件の中心にあるのは、世界革命の旗手、すなわち被圧迫諸民族の労働者・農民に勝利への信念をふきこみ、世界社会主義のための彼らの解放斗争を支持している、ソヴェト・ロシアである。〉（イオシフ・スターリン「ダゲスタン諸民族大会」『スターリン全集　第4巻』大月書店）

そもそも、「被抑圧民族」という切り口でイスラム教徒をも味方につけることを戦略的に考えたのはレーニンだった。そして、この戦略を理論化して実践したのがスターリンだった。各地のイスラム教的な土着の文化を尊重することで、ソヴィエト政権が統治する領域のイスラム教徒の力を、可能な限り政権に糾合しようとし、実際、それを成し遂げた。

21世紀のロシアでは、チェチェン紛争は一応封じ込めたが、イスラム教過激派による自爆テロの脅威を払拭できたとは言いがたい状況が続いている。また、ロシア系住民の保護を掲げて侵攻したウクライナ紛争の泥沼化も、プーチン政権を大きく揺さぶっている。事態がここまで先鋭化した大きな理由は、政権の中枢部に民族問題の複雑さと危険性を認識し、適切な企画立案をできる人物がいないからだ。プーチン大統領の側近にスターリンレベルの知識と能力のある政治家がいたならば、状況は大きく変化したはずだ。

キリスト教から共産主義への改宗運動

先述のとおり、神学が教育の基礎となっていたスターリンは、宗教の影響の大きさを自覚していた。

彼は、チフリス（現在のトビリシ）の神学校時代に社会主義文献と出会い、キリスト教的な祈りでは人間の幸せを実現できないと考えるに至る。これは、当時の多くの若い神学生たちに共有された意識であった。ソ連崩壊後に明らかになったさまざまな公文書からスターリンという人間像を明らかにしようとした作家のエドワード・ラジンスキーは、当時の神学校の様子をこう描写している。

〈これらの血の気の多い早熟な南国の若者たちの多くは、このような厳しい勤めへの心構えはまったくできていなかった。彼らは生活の歓喜を享受できるような、それとは別の学習を渇望していた。ところが満たされたのは献身の願望だけで、神学校は聖書や祈りによって若者たちに高尚な思想を植えつけようとした。

彼らは望んでいた学習を見出した。上級生たちがある禁じられた集会の話をした。最初のキリスト教徒たちのように、これらの秘密結社は人類の幸福に献身的に奉仕することを目的としていた。〉（エドワード・ラジンスキー『赤いツァーリ スターリン、封印された生涯（上）』日本放送出版協会）

社会主義に傾倒していったことから学校当局に目をつけられるようになったスターリンは、徐々に勉強をサボるようになり1899年に退学処分となる。キリスト教信仰と決別したスターリンは、レーニンを通してマルクス主義という新たな「信仰」を見出した。ラジンスキーは、駆け出しの職業革命家の頃のスターリンのことをこう記している。
〈(著者注：スターリンは) 自分の神を見出した。レーニンである。「彼はレーニンに深く敬服し、レーニンを神と崇めた。彼はレーニンの思想を生きる糧とし、レーニンの真似ばかりしていたので、われわれは彼をからかって〝レーニンの左足〟と呼んでいた」と革命家R・アルセニーゼは回想している。〉(前掲書)

スターリンがいかにレーニンに心酔していたかがよくわかる。レーニンの死後、無神論政策を引き継いだスターリンは、ソ連という「正しい国家」における「正しい信仰」としての共産主義を打ち立てるというレーニンの政策を、前に推し進めようとする。

社会意識を操作するには、そのシンボルとなっているものを操作することが重要だと認識していたスターリンは、モスクワの中心部にある救世主キリスト大聖堂を撤去し、その跡地にソビエト政権を象徴する巨大建築物を建てようとした。

大聖堂は爆破された。しかし、跡地にスターリンが建てようとしたソビエト大宮殿は、何人もの建築家が設計を試みたにもかかわらず、地盤の問題などにより結局実現しなかった。救世主キリスト大聖堂を爆破した呪いがかかっていると噂されるようになり、その後、温水プール施設が建てられたものの、幽霊が出ると噂されるスポットとなってしまったのは、スターリンにも予期せぬ展開だったに違いない。

いずれにせよ、スターリンが主張した共産主義は、無神論を掲げつつも神を否定するものではなく、キリスト教の神を捨てて、その位置に共産主義という神を据えようとする改宗運動にほかならなかった。

共産主義は排他的

19世紀のロシアにマルクス主義を導入したものの、1905年のロシア第一次革命の結果を見てロシア正教に回帰した宗教哲学者のベルジャーエフは、次のように指摘している。

〈共産主義は、社会組織としてではなく宗教として、いっさいの宗教、特にキリスト教に狂信的に敵対する。それ自身キリスト教にとって代わる宗教たらんと欲し、人間の魂の宗教的疑問に答え、人生に一つの意味を与えると主張する。共産主義は全一的であり、生の全体を抱擁し、ある社会的分野だけに関係するものではない。それゆえ他の宗教的信仰との闘争は不可避である。不寛容と狂信とはかならず宗教に源泉をもっている。科学的な、純知性的な理論はこれほど不寛容、狂信的にはなれない。共産主義は宗教的信仰がそうであるように排他的である。〉（ニコライ・ベルジャーエフ「ロシア共産主義の歴史と意味」『ベルジャーエフ著作集第7巻』白水社）

スターリンは共産主義という「信仰」を政治の中心に据えようとした。ロシア正教の「ニカイア・コンスタンチノポリス信条」の代わりに「ソ連共産党綱領」を、そして新約聖書の代わりに『ソビエト同盟共産党（ボリシェビキ）歴史小教程』を人々に与えた。

しかし、救世主キリスト大聖堂の代わりにソビエト大宮殿を建てることに失敗したように、『ソビエト同盟共産党（ボリシェビキ）歴史小教程』も、ロシア人の大多数にとって、生死にかかわるような根源的な真理とはならなかった。そして、スターリン自身がそのことを誰よりも認識していたに違いない。

1941年6月22日、独ソ戦が始まった時、スターリンの国民に対する呼びかけの言葉に変化が生じた。

これまでの「同志諸君！」という呼びかけではなく「兄弟姉妹のみなさん！」と語りかけたのだ。これは、グルジア正教会やロシア正教会で、神父が信者に向かって使う呼びかけである。神学校で学んだスターリンは、戦争における宗教感情の重要性に気づいていた。

さらにスターリンは、独ソ戦を「大祖国戦争」と名づけた。1812年のナポレオンによるロシア侵攻が「祖国戦争」と呼ばれたことを念頭に置いた言葉である。「あのときよりもさらに大きな危機が迫っている」と国民のナショナリズムに訴えたのである。ここで、スターリンはイデオロギーよりも現実を重視した。マルクス・レーニン主義の教義からすれば、宗教もナショナリズムも本来は唾棄すべきものだが、ソ連国家の維持のためにスターリンはうまく利用したのである。共産主義者としての一つ目の顔を横に置いて、帝国主義的な二つ目の顔を器用に使い分けてみせたのだ。

理想実現のために必要だった「弾圧」

スターリンの手法はきわめて戦略的だった。

政治の世界に倫理や感傷を持ち込むべきではないと考えるスターリンは、常に敵と味方を区別し、徹底的に敵を殲滅することで権力を掌握していった。スターリンの政治には、常に敵が必要だった。彼の体制を盤石なものとするためには、内部の敵を発見し、常に闘争を展開することが不可欠だった。

政治学者のオレグ・フレヴニュークがスターリンの政治手法を次のように分析している。

〈テロルを原則的にスターリン体制の主要な武器とさせるような一般的根拠である。この問題について研究文献では、「永続的パージ」理論を発展させたような考え方が数多くみられる。それによれば、不断の弾圧は、ソヴィエト体制にとっても、他の似たタイプの体制にとっても、その生命力の不可欠の条件なのであった。研究者が指摘するように、弾圧、「恐怖のサブ・システム」（ソ連の経済学者ポポーフの表現で、ロシアで大いに普及）は多数の機能を果たした。主要なものの一つは、社会の服従の維持、異論と反対意見のどんな些細な現われも抑圧すること、ボスの個人権力の強化、である。弾圧キャンペーンは社会的意識を操作する十分に効果的な方法であり、支配体制の失敗や犯罪を架空の敵に押し付けることができた。弾圧は、経済的刺激の不足を強制で埋め合わせるという意味で、ソヴィエト経済発展の必要条件であった（ソヴィエト経済のかなりの部分が、囚人労働の直接的搾取によって存立していた）。同様の見解はいくらでも挙げることができる。一九三七－三八年の大量弾圧を含む個々のテロルが、こうした一般的機能を多かれ少なかれ果たしたのである。〉（O・フレヴニューク『スターリンの

大テロル　恐怖政治のメカニズムと抵抗の諸相』岩波書店）

わずか数年で、銃殺刑や収容所送りなどによって数百万人が命を落としたといわれるスターリン指揮下での大粛清。しかしスターリンは、個人的怨恨や嗜虐的趣味などで弾圧と粛清を繰り返したのではない。あくまでも社会の意識を操作し、社会主義体制の下でソ連を維持するための手段としての弾圧だった。

「上からの」革命と密告社会

レーニンは革命の本質を、いかに権力を奪取するかという問題だと理解していた。それまでは、専制君主制打倒後に資本主義が発達し、そののちに共産主義革命が起きると考えられていたが、レーニンは、職業革命家たちによる暴力的手段によって一気に革命を実現することは可能だと宣言した。人民に服従を強いてきた帝政ロシアにおいて、権力さえ奪取すれば、「上から」社会改造を行うことは十分に可能だと考えたのである。

そして、スターリンはそのレーニンの理論を忠実に実行した。

目標は社会主義国家・ソ連の生き残り。このレーニンの壮大な事業を生き残らせることが彼にとっての最終目標であり、それを阻害するあらゆる要因は弾圧して取り除かなければならなかった。理想の社会がまだ完成してない途上には、正しくない考えをする人、正しくない行いをする人が存在する。それらを徹底的に封じ込めなければいけない。きれいな社会をつくり上げるための「上からの」地ならしだった。

当時は「告発者は告発されない」という言葉があった。自分の悪事を告発されたくなければ、自分が先んじて仲間を告発すればいい。こうして不信が不信を呼ぶ、巨大な密告社会ができあがっていった。

「こいつがこんなよくない行動をしていた」「『今は信頼させて、いずれ裏切るんだ』と話しているのを聞いた」といった具合に、競い合って密告させる。ズルの嫌いな風紀委員のようなタイプの人、昨今であれば、マスクから鼻が出ているだけで大騒ぎするような人が、何かズルをしていそうな人を見つけ出しては密告する。この密告競争を生き残りたければ、告発される前に、自分からいち早く告発するしかないのだ。

さらには、自分にとってのライバルや面倒な相手を密告で陥れていく。スターリンの側近たちは、そうやって忠誠心競争を生き残り、自分たちの地位を固めていったのだ。

しかし、翻って考えてみれば、どこの国においても組織というものの体質は基本的にこれと同じだ。ライバルと和気藹々《あいあい》とやりながら、集団での統制が完全にとれている会社など聞いたことがない。それぞれに、程度の差はあるもののライバルを蹴落として生き残ろうとするものだ。出世レースに入ってしまったら、会社も役所も究極には1人しか幸せになれない世界であり、逆に、出世レースにまったく関心が持てなければ会社員人生など面白くないだろう。なぜなら、出世と権限というものは結びついているからだ。その組織内でいかなる権限も持たないまま、その集団の中で面白さを味わうことは難しい。

スターリンやその周辺の取り巻きたちの生き方は、実はわれわれとそれほど遠くない、ということをよく考えておいたほうがいい。

一方で、スターリンには個人的な名誉欲も権力志向も希薄だった。暮らしぶりはきわめて質素であった。ひとえに、未来の共産主義世界革命の拠点としてのソ連を維持するという目的実現のためにやむなく独裁者という孤独な椅子に座ったにすぎず、自己陶酔とも無縁だった。

だから、自分に対してゴマをすってくるような芸術家は信用せず、粛清の対象となった。逆に、はっきりと物を申してくる人間は生き残らせた。ゴマをするような人間はいつ寝首をかくかわからないという猜疑心の塊であったともいえる。

そもそも、ツァーリが支配していた帝政ロシアで職業革命家となった人間である。命がけで革命を目指していたスターリンは、100近いペンネームを持っていた。スターリンというのはそのうちのひとつである。

猜疑心に凝り固まった、ひたすらに真面目な職業革命家であり、真面目に誠実に美しい社会を目指したのである。そこにスターリン主義の悲劇がある。

生産力史観

スターリンは、経済力の合理的発展にこだわった。

実際、ロシア革命後のソ連は、反革命干渉戦争で米英を撃退し、五カ年計画によって生産活動の効率化を一気に進め、遅れた農業国から先進工業国へと成長を遂げた。第二次世界大戦ではドイツに勝利するまでになる。

スターリンの歴史観は、典型的な生産力史観である。経済力がつき、生産が増大すれば歴史が発展するという発想だ。資本主義社会において生産力が発展すれば、それが資本主義的な生産関係では対応できなくなり社会主義革命が起きると考えた。それでは、米英などの先進資本主義諸国において、ソ連以上に生産力が高まっているにもかかわらず革命が起きないのはなぜなのか。スターリンはこう説明する。

〈この法則が、社会の命脈のつきつつある勢力のがわからのきわめて強い抵抗にぶつかっているためである。ここでわれわれは、経済的諸法則のいま一つの特色につきあたる。新しい法則の発見と応用とが多少とも円滑におこなわれるばあいの自然科学の諸法則とはちがって、経済の領域では、命脈のつきつつある社会勢力の利益をそこなう新しい法則の発見と応用とは、これら諸力のがわからのきわめて強い抵抗にぶつかる。したがって、この抵抗にうちかつことのできる力、社会的力が必要である。このような力は、わが国では、社会の圧倒的多数をなしている労働者階級と農民との同盟という形で、あったのである。〉（イ・ヴェ・スターリン『ソ同盟における社会主義の経済的諸問題』国民文庫〔大月書店〕）

米英などの先進資本主義諸国において革命が起きないのは、資本主義的なシステムを維持することに利益を見出すブルジョア階級の強い抵抗にぶつかっているのだとスターリンは説明した。具体的には資本家と地主だ。これらの階級が、マスメディアや教育、福祉政策などのあらゆる手段で社会主義革命を防ごうとしているため、いまだに米英では革命が起きない。したがって、先進資本主義国における共産党の使命は、自国政府の欺瞞を暴露して、社会主義革命に向けた準備をすることなのだという。

一方、ソ連においては、すでに資本家、地主は根絶されているため、経済が順調に発達しているとスターリンは考えた。それは、ソ連が経済に関する新しい法則を発見したからではない。既存の経済法則に合致した社会を構築することに成功したからだ。

つまり、スターリンにとっては資本主義と社会主義の本質的な差異はない。生産力の発展に、より合理的に対応しているのが社会主義だと考えた。

スターリン的「社会主義経済」

しかし、資本主義社会の根幹は、価値法則によって成り立っている。この価値法則は、労働力が商品化され、人間がほとんどすべての欲望を商品によって満たそうとすることで成立する。社会主義の社会においては、労働力の商品化が廃絶されるのだから、価値法則は廃絶されるというのがマルクス主義から導き出される結論であるはずだ。ところがスターリンはそうは考えない。価値法則は永続に続き、商品生産も永続的だと考える。

〈商品生産が資本主義に導くのは、次の場合だけである。すなわち、生産諸手段の私的所有が存在している場合、労働力が商品として市場にあらわれ、それを資本家が買って生産過程で搾取することができる場合、したがって国内に資本家による賃金労働者の搾取の制度が存在する場合である。〉（前掲書）

スターリンによると、資本主義と社会主義の違いは、労働力の商品化が成立しているか否かではなく、生産手段が私有されているか否かの違いだという。

ソ連では生産手段は私有化されていない。国家か協同組合に属しているからである。しかし、ここから生まれるのは「国家資本主義」であり、マルクスが考えていたような共産主義の初期段階としての社会主義ではない。それでも、スターリンは主張する。

〈われわれの社会は、まさに、生産諸手段の私的所有も、賃労働制度も、搾取制度も、すでにはやくから存在していないような社会ではないか。〉（前掲書）

労働力の商品化は、資本家と労働者の自由な契約によって成り立つのであるから、その意味でたしかに労働力は商品化されていない。その代わり、スターリンの考える社会主義経済では、国家の暴力を背景に国民に労働を強いるのだ。ソ連国民全員が強制労働に従事することになる。本来マルクスが考えていたところの、労働力の商品化を止揚して人間を疎外から解放するという発想が、スターリンにはなかった。

しかし、国家の暴力的な管理に異論を唱えさえしなければ、殺されることも収容所に押し込められることもない。国は絶対に国民を飢えさせない。食料と医療と教育については、国が必ず責任を果たす。

政治にさえ関心を持たなければ、生活の基本は保障されるのだ。長時間労働もない。医療費は無料、共同住宅も用意されている。子どもたちは0歳から保育園に入ることができる。学校では毎日課題が出されて、毎日成績表がつけられる。親の経済力によって子どもの学力に格差が生まれることもない。漠然とした将来の不安もなければ、出世競争によるストレスもない、老後の心配もない暮らしは、普通に暮らすぶんにおいては、居心地がよくないはずがない。

しかし、スターリンの死から40年もたたないうちに、彼が築き上げた帝国は内側から崩壊したのである。

なぜ「理想の社会」は崩壊したのか

崩壊の大きな理由は、スターリンがいっとき棚上げしていた民族問題がいよいよ抑えきれなくなったためである。１９８０年代末にゴルバチョフのペレストロイカ路線が進むなかで、エストニア、ラトビア、リトアニア、ジョージアなどが、ソ連憲法で保障された連邦からの離脱権を主張するようになり、ソ連崩壊へとつながった。加えて、大量消費文明が一気に入ってきたことも、崩壊のもう一つの理由としてあげられる。

それまで、ソ連にはアイスクリームといえば3種類か4種類しかなかったところに、一気にサーティワンアイスクリームが入ってきたのである。「ダブル」であれば31種類×31種類で約９００種類もの組み合わせがある。それを食べたくなるのが人間の業《さが》だ。

スターリンは、人間の欲望には果てがなく、厳しく抑え込まなければならないことをよくわかっていた。靴屋の職人の家に生まれたスターリンは社会の底辺をよく見ていた。社会的強者が聖人君子でないのと同様に、社会の底辺に生きる人たちも聖人君子ではない。あらゆる人間のずるさをよく知っていたのだ。

ドストエフスキー『カラマーゾフの兄弟』の大審問官と同じ発想がそこにある。誰にでも等しくパンが行き渡る世界を実現するためには、１人で10個もパンをぶんどって腐らせるような存在を許してはいけないのだ。鉄の掟《おきて》をもって自由を取り上げ、パンを分配するという仕事を誰かがやらねばならないとスターリンは考え、そして実行した。

独裁者による強制的なパンの分配以外の効果的な方法を、世界は見つけ出せるだろうか。今、そのことが強く問われている。

第十章

カダフィ大佐

新しい国づくりと自滅の末路

「中東の狂犬」の異名で呼ばれたリビアの独裁者、カダフィ大佐ことムアンマル・アル・カダフィ。２０１１年、アラブの春の余波を受けて政権が崩壊し、今年13年になる。

同じようにアラブの春の洗礼を受けながら、リビアのカダフィ政権は倒れ、シリアのアサド政権は延命している。両者を分けたものは何だったのか。

カダフィ政権もアサド政権も、アラブ社会主義という理念は共通していたが、シリアのアサドがアラブ社会主義とは名ばかりの、いわゆるアラウィ派による旧来型の部族統治を行っているのに対し、カダフィは、コーランに基づいたイスラム社会主義の国という、まったく新しい理想の社会を目指した。そこに両者の大きな違いを見ることができる。

カダフィは、エジプトのナセル大佐や中国の毛沢東から強く影響を受けつつ、さらなる理想を求めて独自の国づくりに挑んだ。議会制民主主義をまがいものと否定し、新たに構想したすべての人民が直接参加する基礎人民会議などは、その象徴だと言えよう。しかし現実には、石油大国ならではの豊富なオイルマネーをバックにしたカダフィの独裁政治が進行していった。

西側諸国の支配からアラブを解放したはずの救世主は、なぜ独裁者となり、反政府派の民兵らになぶり殺しにされるという悲惨な最期をたどったのか。カダフィ亡きあと、今も混乱の続くリビアに、安定をもたらす為政者は果たして現れるのか。

エジプト革命の衝撃

カダフィという独裁者を理解するには、当時の北アフリカ諸国が置かれていた状況を知っておく必要がある。

リビアは、地中海沿岸、石油資源の豊富な砂漠の中にある。1951年にリビア連合王国として独立するが、この地の豊富な石油資源を当時の西側諸国が黙って見ているはずもなく、王位に就いたモハンマド・イドリスは英米に取り込まれ、石油メジャーを優遇するなどして権益を西側に譲り渡していった。王政は石油利権にまみれて私腹を肥やし、知識人や学生らによる王政打倒運動を激しい弾圧で押さえ込んだ。

1952年、隣国のエジプトではアラブ民族主義を唱えるナセル大佐らがイギリスの傀儡だったファルーク王政を打倒し、エジプト共和国を樹立した。いわゆるエジプト革命である。この隣国の革命を報じるラジオ放送に、1人の少年が胸を高鳴らせていた。貧しいベドウィンの家に生まれたムアンマル・アル・カダフィだ。

カダフィは、アラブ民族の連帯を掲げるナセル大佐に強く惹きつけられた。のちに自らをカダフィ大佐と名乗ったのも、ナセルへの敬意の表れである。

国中に英米軍の基地があふれ、外国資本が自国のオイル産業を牛耳る様を見ながら成長したカダフィは、1961年にはナセル擁護のデモを主導したために学校から追放された。士官学校に入学したカダフィは、地下組織の自由将校団を組織し、革命の同志たちを増やしていった。

イギリス留学と無血クーデター

この当時、カダフィはロンドン郊外のバッキンガムシャー州ベーコンズフィールドにある英国陸軍語学学校に英語を学ぶために4カ月ほど留学している。実は1986~1987年、私もこの学校でロシア語を学んだ。カダフィと私は同窓生なのである。

この陸軍語学学校には、英語科のほか、ロシア語科、ドイツ語科、アラビア語科などがある。英語以外はイギリスにとって潜在敵国の言語である。潜在的に脅威となりうる国の言葉を学ぶ一方で、潜在敵国から若い政治・軍事エリートを英語の留学生として受け入れ、中長期的にイギリスにとって役立つ人脈をつくろうとするのが、英国インテリジェンスの特徴である。

つまり、カダフィはこの学校でイギリス人脈を築いた。この人脈は、のちにカダフィ政権の方向転換に大きな役割を果たすことになるが、それについては後述する。

もっとも、イギリス留学時代、カダフィは物質主義が氾濫するロンドンに幻滅したようだ。また、中東やアフリカから来た労働者が受けていた差別的待遇も目の当たりにする。自身も人種差別を受け、ますます革命への情熱をたぎらせてリビアに帰国したカダフィは、自由将校団の仲間とともに革命の準備を加速させた。

1969年9月1日、イドリス王が国内を不在にしているタイミングを狙って、カダフィ率いる革命軍が、トリポリとベンガジで蜂起、王宮や放送局、政府関係施設などを一気に制圧した。革命軍は無血クーデターを成功させて権力を掌握する。

王政は廃止されてイドリス王は追放、最高機関として革命評議会が設置され、20代のカダフィが議長に就任した。リビアの革命を指導する最高権力者となったカダフィは、「リビアはアラブのものである」として国内の基地から英米軍を撤退させ、石油配給網の国有化を進める。

しかし、彼の統治において最も注目すべき点は、そこではない。彼の特徴は、まったく新しい思想をベースに、まったく新しい国をつくろうと試みた点にある。

「コーラン」だけをベースにした新国家

カダフィは、イスラム教の第一の聖典である「コーラン」だけをベースにした新しいスタイルで、イスラム教に基づいた社会主義国をつくり上げようと考えたのだ。

イスラム教は聖典の「コーラン」とムハンマド伝承集の「ハーディス」、二つのテキストが大前提となっている。「コーラン」には守るべき戒律の基本が、そして「ハーディス」では、日常において守るべき行動規範の具体的な内容が書かれている。

たとえば、アルカイダや「イスラム国」などを生み出したワッハーブ派でさえも、「コーラン」と「ハーディス」のどちらも聖典として使用するという伝統は尊重する。しかし、カダフィはこの伝統を飛び越え、「コーラン」のみを聖典とし、その上で、社会主義に基づいた国をつくろうとした。つまり、イスラム教で定められた日常の細かな行動規範よりも社会主義の実践に軸足を置き、アラブ社会主義という新しい理想の実現を目指したのだ。

この新しい思想に基づいて、カダフィはナセルが唱えていた「アラブ統一論」を実践しようとする。アラブ社会主義という緩やかな連合体をつくることで、スンナ派、シーア派の溝も越えられると考えたのだ。

カダフィは、新しい国づくりの発想を、資本主義とも共産主義とも異なる「第三の普遍理論」と名づけ、『緑の書』という3部作の本にまとめた。毛沢東にも影響を受けていたカダフィは、毛沢東語録の「赤」に対し、イスラムのイメージカラーである「緑」をうたったのである。

『緑の書』で、カダフィは議会制民主主義をまがいものの民主主義として否定した。

〈いったん大衆の票を獲得してしまうと、代表者たちは大衆の主権を簒奪し、代表の資格において問題を自由に裁量できる立場に立つのである。〉（ムアンマル・アル・カッザーフィ『緑の書』第三書館）

〈もし、ある政党が選挙で勝利を収めた結果として、議会をおさえるならば、そ

の議会はその政党のものであって、人民のものではない。〉（前掲書）

〈人民投票は、民主主義そのものに対する欺瞞である。『イエス』とする者も『ノー』とする者も、実際には自分の意思を表明したわけではない。彼らは近代民主主義の名のもとに沈黙させられたのである。〉（前掲書）

カダフィは「人民会議は、民主主義をめざす人民運動の到達点である」として、すべての国民が出席する人民会議による直接民主主義こそが最高の統一機構であると主張した。そして、全人民が参加する「基礎人民会議」と、行政を執行する「人民委員会」を全国の行政単位ごとにつくり、人民直接民主主義政策を推し進めていった。

とはいえ、現実に全人民がフラットに参加できる会議など、たとえＩＴを駆使したとしても実現はかなり難しいだろう。実際の人民会議はピラミッド構造になっており、その頂点にいるカダフィの言うことをすべて追認するというものにすぎなかった。彼の国づくりは、中国で毛沢東が行った文化大革命にやや似ている。

文革では、既存のあらゆる伝統や文化、権威を否定し、すべての人民をフラットにしようとした。しかし、いくら全員が同じ人民服を着ていても、実態は中国共産党が支配するヒエラルキー社会であるのと同様に、リビアでも、形としては全人民の直接参加をうたいながら、実際のところは中央集権によるカダフィ独裁体制にほかならなかったのである。

　一方、石油資源の豊富なリビアの経済は順調に成長していった。オイルショックによる値上がりもあり、石油産業の国有化はリビアの経済レベルを押し上げた。オイルマネーは軍事費の他、インフラ整備や砂漠の緑化、住宅、医療や教育体制の充実などに充てられ、国民の生活の質は向上した。

　カダフィは、石油による収入をバックに独裁国家としての足場を固めていった。

アメリカとの対立と核開発疑惑

　カダフィは、西側諸国との対立姿勢を鮮明にし、植民地解放闘争を援助するという名目で世界各地の反政府組織やテロ組織を支援した。1975年、マレーシアのアメリカ大使館とスウェーデン大使館を日本赤軍が占拠して収監中のメンバーらの釈放を要求したクアラルンプール事件では、犯人たちは日航機でリビアへと送られている。あるいは、ベネズエラのテロリスト、通称「カルロス」を匿《かくま》っていたともいわれている。

　こうしたカダフィの動きを西側諸国は当然目障りだと思っていたが、一方で、それほどの脅威とは捉えていなかった。

しかし、1981年にアメリカでレーガン政権が誕生すると、アメリカとリビアの緊張は一気に高まった。レーガンはカダフィを「中東の狂犬」と名指しで批判、リビア軍機の撃墜や、リビア近海への空母派遣といった強硬策に出た。1986年、米軍がリビア機を撃墜した翌月に西ドイツで爆弾テロが発生すると、これをリビアによる報復テロとみなしたアメリカは、カダフィを狙ってリビアの首都トリポリ空爆に踏み切った。しかしカダフィ殺害には失敗し、アメリカの蛮行を非難することでカダフィのカリスマ性が高まるという皮肉な結果に終わった。

1988年には、ロンドン発ニューヨーク行きパンナム航空の旅客機がスコットランド上空で爆破、続く1989年には、コンゴ発パリ行きのフランスUTA航空の旅客機がニジェール上空で爆破されるというテロが相次ぎ、これらの関与を疑われたリビアは国連安保理から制裁を受けることになる。

こうして国際社会を敵に回したカダフィ政権の切り札が、核開発だった。

私は、某インテリジェンス大国の中東専門家から、次のような話を聞いている。

「1999年に西側インテリジェンス・コミュニティの中で、〝リビアがパキスタンから密かに核開発プラントを購入した〟という情報が流れた。欧米はリビアに対して圧力をかけたが、カダフィ政権は核開発疑惑を『事実無根』と退けた」

しかし、実際にカダフィ政権は核開発を進めていた。開発途中ではあったが、ほぼ完成に近かったと私は見ている。ところが、最終的に核のカードを切ることなくカダフィ政権は崩壊する。そこにはイギリスとの裏ルートが深く関与している。

保身のために英国との取引に応じる

2001年9月11日、米国同時多発テロが発生し、2003年に第二次湾岸戦争（イラク戦争）が勃発した。アメリカを中心とする多国籍軍がイラクで地上戦を展開し、サダム・フセイン大統領の2人の息子、ウダイとクサイを殺害した。その直後、ＳＩＳ（英秘密情報部、いわゆるＭＩ６）の工作員がリビアのカダフィのもとを訪れている。

イギリスとリビアは当然ながら友好国ではないが、英国陸軍語学学校に留学経験のあるカダフィに対し、イギリスのインテリジェンス機関は裏でずっと緊密な接触を続けていたのである。

この工作員は、カダフィにウダイとクサイの遺体の写真を見せながら迫った。

「あなたはあまりにいろいろやりすぎた。アメリカは非常に怒っている。核兵器、弾道ミサイルや毒ガスなどを放棄しなければ、このままだとフセインの息子たちの二の舞になる」

さらに工作員は、「ここに、あなたの愛人が住んでいるだろう。こっちには息子がいるだろう」と、カダフィの身内が住んでいる複数の地下壕の場所も正確に示したという。

ちなみに、リビアの地下壕を掘ったのは北朝鮮の専門家だ。人工衛星に動きを捉えられたくない独裁者は地下に住む。あるいは見られたくない工場なども地下につくる。巨大地下トンネルを張り巡らせている北朝鮮は、自国の土木技術を中東やアジアの独裁国家に売って外貨を獲得しているのである。

その立派な地下トンネルのどこにカダフィの家族が住んでいるのか、イギリスから来た工作員は正確に示してみせた。カダフィがこのままでは殺されると震え上がったことは想像に難くない。

工作員はこう持ちかけた。

「核開発を放棄し、パンナム旅客機爆破テロの関与を認め、謝罪して賠償金を払い、さらに石油利権を西側に開放するならば、体制の存続は可能だとアメリカは言っている。どうだ、取引しないか」

　自分が殺されてはかなわないと思ったカダフィは、取引に応じた。核開発を放棄し、パンナム旅客機爆破テロを認めて謝罪と賠償を行い、石油利権も西側に開放したのだ。その結果、２００３年には国連制裁の解除が決まり、翌２００４年にはアメリカによる制裁も解除された。

　ところが、それからわずか7年後の２０１１年、民主化支援という口実でＮＡＴＯ（北大西洋条約機構）がリビアに軍事介入し、カダフィ政権は崩壊、まもなくカダフィ自身も殺害されてしまう。

　イギリスの仲介によって無事に手打ちが行われたはずではなかったのか。なぜカダフィ政権は崩壊したのだろうか。

暴露されたスキャンダル

　保身のためにカダフィは英米に屈し、国を開いた。しかし、結果としてこれが大きな間違いだったのだ。

　カダフィは、自ら著した『緑の書』の思想に反して、西側的な価値観を一部受け入れてしまった。それによって社会の規範が緩み、体制崩壊を招く可能性があるということに気づいていなかった。

また、核を放棄したことによって英米との関係は改善したが、同時に軽く見られるようになった。何をしでかすかわからないというイメージだったカダフィも、今や恐れるに足らずという雰囲気が醸成されていった。

実際、60歳を超えたカダフィは、そのカリスマ性を徐々に失い弱さを見せるようになっていった。それを象徴するような事実を明らかにしたのは、2010年にウィキリークスによって流出されたアメリカ国務省の秘密公電だ。

2009年、トリポリのアメリカ大使館からの公電には、かつて「中東の狂犬」と恐れられたカダフィの意外な姿が報告されていた。2010年12月7日付英紙『ガーディアン』インターネット版に掲載されたものを抜粋して紹介しよう。（以下、×××××は伏せ字。伏せ字がウィキリークス、『ガーディアン』いずれの判断によるものかは不明）

〈彼（筆者注・カダフィ）はまた、建物の高い階に滞在することに強い嫌悪や恐怖の念を抱いているようであり、海上飛行を避けていると報告され、競馬とフラメンコダンスを楽しんでいる模様である。〉

〈カダフィは、信頼できる小さな中核的グループにほとんど取り憑かれたごとく

依存しているように見える。〉

〈結局のところ、カダフィは「官能的な金髪女」と表現されてきた長い付き合いのあるウクライナ人看護師、ガリーナ××××××に依存するところが大きい。〉

〈最近、××××××××が行ったビザ申請の結果、彼女の「警護上の勧告的意見」がカダフィ一行の米国訪問予定日になって受理された際には、リビア政府がプライベート用のジェット機で彼女をリビアからポルトガルまで移動させ、休憩地点に滞在していた指導者と合流させた。大使館の交渉役の中には、カダフィと38歳の××××××が恋愛関係にあると主張する者もいる。〉

「官能的な金髪女」に溺れているカダフィの姿や、側近グループに極端に依存しているカダフィの姿が全世界に向けて明らかにされてしまったのである。最高権力者の堕落した実態が暴露されたことにより、反カダフィ派の動きも活発になっていった。

さらに、チュニジアから始まったアラブの春がリビアにも波及し、カダフィ政権の足元を直撃した。事態は西側諸国の想定を超えて一気に動き出してしまう。権力の座から立ち上がった民衆の勢いに押される形でＮＡＴＯが軍事介入し、カダフィ政権の崩壊は秒読みに入った。

後ろ盾のロシアにも見限られる

崩壊寸前のカダフィ政権へのさらなる打撃は、ひそかにリビアの後ろ盾となっていたロシアが態度を豹変させたことだった。反カダフィ派である国民評議会の勝利が見えてくるや否や、それまでアメリカの対リビア政策は内政干渉だと激しく批判していたロシアが、カダフィ政権支持の口をつぐみ、国民評議会との関係性をことさらにアピールしてみせたのである。

2011年8月23日、ロシア国営ラジオ「ロシアの声」(旧モスクワ放送)の日本語放送が報じた、ロシア大統領特使マルゲロフによる以下の見解が興味深い。

〈マルゲロフ大統領特使はまた、ロシア政府が当初から、対立する双方の間の政治的対話を確立させようと、カダフィ政権側とも反政府側とも協力してきたことに注意を促し、次のように指摘した――。

「ロシアにとって重要なのは、前の指導部が調印したあらゆる国家間契約が、支障なく遂行されるようにすることだ。ロシア政府とリビア政府は、エネルギー産業、石油ガス採掘領域及び軍事技術分野で協力関係にある。

暫定国民評議会指導部とベンガジで会談した際、彼らは、すべての合意は今後も効力を持ち続けると請合った。」〉

ロシアは、カダフィ政権を見限った。国民評議会との間で善意の仲介を試みてきたという印象を、国際世論に植えつけようとしたのである。そうやって、リビアの新政権に対し、石油や天然ガスに関するロシアの利権を保全することを画策したのだ。そこには、兵器市場としてのリビアを保全しようという意図も働いている。

ロシアはリビアの民主化にはまったく関心を持っていない。ロシアは、腐敗していようが、非民主主義的な人権弾圧を行っていようが、リビアを実効支配する能力がある相手であれば手を握る。リビアが英米と対立していた時期も、ロシアはカダフィ政権と良好な関係を維持していた。この時、ロシアとリビアをつなぐ重要な役割を果たしたのがＧＲＵ（ロシア軍参謀本部諜報総局）だ。ＧＲＵの駐在武官はロシア製兵器を販売する「死の商人」でもある。兵器の値段はあってないようなものだ。ＧＲＵは兵器販売で潤沢な裏金をつくり、インテリジェンス工作を行っている。

いずれにしても、後ろ盾であったロシアにも見捨てられ、カダフィ政権は崩壊した。そして、対立していた部族の民兵らの地域に追い詰められたカダフィは、彼らになぶり殺しにされる。この経緯にもイギリスが裏側から介入している可能性が高い。

当初は、イギリスもカダフィ政権を潰そうとまでは考えていなかった。あくまでリビアの石油利権を求めていただけにすぎない。カダフィ政権が崩壊すればリビアが大混乱に陥ることは必至であり、それはイギリスの望むところではなかった。ところが、アラブの春は、西側諸国にも抑えきれない勢いとなってカダフィ政権を直撃し、崩壊させた。

イギリスの口車に乗って国を開いてしまったところにカダフィの悲劇がある。ひとたび開放して外側の価値観がなだれ込んでしまうと、もはや社会を元に戻すことは不可能だからである。

イスラム教国家で民主主義がなじまない理由

今も、リビアでは内戦状態が続いている。西部を拠点とする暫定政権と、東部を拠点とする勢力が衝突し、さらに南のマリからはアルカイダ系の組織が入り込んできて、国内は大混乱に陥っている。

アラブの春を経て、中東の多くの国々では似たような混乱が続いている。その実態を理解するには、西側諸国の人権意識とアラブ諸国のそれとでは大きく異なるということを知っておく必要があるだろう。

西側が主張する民主主義の根本には人権がある。その人権と対立するのが神権である。近代ヨーロッパにおいては、神が持っていた権利、神権が地上に降りてきて人権になった。権利は超越者たる神から与えられるものではなく、私たち自身の中にあるものだ、という意識が根づいた。

ところがアラブ諸国では、いまだに神権の意識が続いている。一部の知識人たちは、自由選挙を行えば民主的な体制が整うはずだと考えるが、実際に選挙を行ってみると、圧倒的多数の民衆は神権を主張するイスラム主義政党に票を入れる。民主的な選挙を通じて、民主主義を否定する勢力が勝つという図式が続いているのだ。

世界は一つのカリフ国家になるべきで、神から選ばれた人によって統治されるべきだというのがイスラム教の原則的な考え方だ。独裁者は神から神権を授かり、統治者としての権威を持つ。中東で独裁国家が生じやすいのは、そのような構造があるからだ。

独裁のほうが国は安定し、また民衆もそれを望む。混乱した民主主義と安定した独裁を比べるならば、安定した独裁を受け入れるというのが、多くの中東の国の現実だ。

リビアの今の混乱を見れば、その現実が理解できるだろう。

第十一章

金日成

「愛」を実践しようとした建国の父

1994年に82歳で死去した北朝鮮（朝鮮民主主義人民共和国）初代国家主席、金日成。現在に至るまで核とミサイルの開発ゲームで世界と危うい駆け引きを続ける独裁国家の礎を築いた人物である。

彼は平均寿命が64歳というかの地において82歳という長寿を全うしたが、一方で、100歳まで生きる気満々で、「長寿センター」なる研究チームを結成し、さまざまな長寿療法を受けていたようだ。

脱北した専属医が語るには20代の若者の血を輸血させる他、幼い子どもたちの姿を見て笑う療法などを好んでいたという。輸血に選ばれた市民は栄養価の高い食事を食べさせられたあとに献血したそうだが、まともな医師であれば一蹴しそうな民間療法である。永遠の若さや命への執着の強さは、不老不死の薬を求めた秦の始皇帝しかり巨大ピラミッド建設に血道をあげた古代エジプトのファラオしかり、歴代の独裁者たちに共通した傾向なのかもしれない。

金日成が100歳まで生きたいと思った理由はなぜか。それは、何としても自分の目が黒いうちに「人民の楽園」を実現させたいと願ったからにほかならない。

かの地で独裁国家を築いた男が夢見た楽園とは、一体いかなるものであったのか。

「愛の思想」を持った独裁者

彼の言う楽園とは「人民が白米の飯をたくさん食べ、肉汁を飲み、瓦葺き屋根の家に住み、絹の着物を着ることができる」ような朝鮮式共産主義社会のことであった。

抗日パルチザンや朝鮮戦争で飢えを経験したであろう金日成にとって、愛する国民たちには何としても米や肉汁をお腹いっぱい食べさせなければならなかった。そうすれば国民たちも愛をもってついてきてくれると思っていたはずだ。

一族の体制の維持ばかりを考える金正日・金正恩と金日成では、同じ独裁者でもその根本が異なる。その方向性が正しいかどうかは別として、金日成は間違いなく朝鮮人の幸せと経済的発展を希望していた。そしてその「愛を実践する」という信念に基づく国家をつくってしまったのである。愛する国民をいかにお腹いっぱい食べさせて幸せにするかを真剣に考え抜いていたことは間違いない。

その意味では、金日成はスターリンと同じく「普通の人々を幸せにするためには、人々から自由を取り上げてしまわなくてはならない」と考えた『カラマーゾフの兄弟』に出てくる大審問官のごとき「愛の思想」を持った独裁者なのである。

しかし、「愛」で国民のお腹が膨れるのであれば誰も苦労はしない。

国という集団をまとめ上げ、国民の生活を守り経済発展を遂げるためには、合理性に基づいた政策決定が不可欠なのだ。しかし、その合理性を抜きにして北の独裁者の愛は暴走していく。その内在的論理に迫りたい。

理想論だけが暴走

北朝鮮が深刻な経済危機、飢餓状態に直面したのは1991年12月のソビエト連邦崩壊がきっかけだった。それまではソ連から多大な経済援助を受けていたが、新生ロシアのエリツィン大統領は北朝鮮への支援を止めた。石油や化学肥料などの入手が困難になった北朝鮮は一気に困窮を極め、深刻な食糧不足に陥ったのである。

もともと、北朝鮮とソ連は友好的な関係ではなかった。その証拠に、ソ連の最高指導者は同じ社会主義国であるにもかかわらず、一度も北朝鮮を訪問していない。そんな扱いを受けていた社会主義国は北朝鮮だけである。

しかしながら金日成はソ連と中国の対立を利用し、両国から最大の援助を引き出していた。ソ連からは主にエネルギーや原料の支援を受けていたのだが、ソ連崩壊に伴い、その援助がストップする。

北朝鮮の困窮は、そうした構造的な問題が背景にあるのだが、金日成はその都合の悪い真実に目を向けようとはしない。いや、側近たちが不都合な真実に蓋をして目を向けさせていないと考えるべきであろう。

金日成の死の1年前、1993年9月7日に畜産・水産・養魚部門の政府と朝鮮労働党幹部協議会で行った演説に、彼の根本的な姿勢が如実に表れている。

ここで、金日成はこう言って幹部を叱咤激励する。

〈畜産を発展させて肉の生産を増やさなくては、人民に白米の飯に肉汁を食べさせることができません。

白米の飯に肉汁を食べるのは、朝鮮人民の宿望です。われわれはなんとしても資産を発展させて、人民が白米の飯に肉汁を食べられるようにしなければなりません。〉（『金日成著作集　44』朝鮮・平壌外国文出版社）

この演説で金日成は繰り返し、近年、肉の生産量が減少し、タマゴも少なくなり、魚の漁獲高も減ったと嘆く。そして、その理由は、「この部門の活動家に積極性が欠けている」ためであると、構造的問題から担当者の熱意の問題に矮小化してしまう。

肉やタマゴが少なくなったのは、ソ連崩壊によって家畜用飼料が輸入できなくなったためであり、大型漁船が稼働できなくなったのも、ソ連崩壊によって重油が入らなくなったためである。しかし、金日成はその構造的な問題に目を向けず、現場に檄を飛ばし、大型漁船が操業できないのであれば浅瀬で地引き網漁をしたり、あるいはロープを使って昆布の養殖をしたりするなど、なんとか工夫しろと迫る。

昆布は輸出品として外貨の獲得にもつながるということのようだが、問題は、もはや飢えに苦しむ漁民には、養殖漁場にロープをめぐらせたり浅瀬で地引き網を引いたりするような体力が残っていないことである。

愛する人民に肉を！

とくに金日成が熱心だったのは、畜産業の推進だった。

愛する人民に肉を食べさせなければならないという使命感を持って、いかに食肉を確保するかの構想をめぐらせている。その一つとして、ガチョウの飼育を推し進めよと呼びかけている。なぜならば、ガチョウは「草さえあればいくらでも飼える」と考えていたからだ。

中国を訪問した金日成は、山東省でガチョウを多く飼育している農家に出会った。

〈わたしを案内した省党書記は、山東省の農村では各農家がガチョウを冬季には雌3、4羽、雄1、2羽を飼育し、春には卵を孵化させて40～50羽飼っているが、冬には厨芥《ちゅうかい》などを与え、春になって草が生えはじめると、飼料は与えず、野原で放し飼いにしているとのことでした。〉（前掲書）

　しかし、誰でも考えればわかるように食肉用の大きなガチョウを草だけで飼育することはできない。飼料が必要だ。しかし、金日成はアテンドした中国の役人の「ガチョウは草だけ食べさせておけば大丈夫」といういい加減な説明をそのまま都合よく信じ込んだ。

　そして、こう断言する。

〈最近、外国から1羽で7キログラムもあるガチョウを取り寄せました。それを農家で飼わせればよいでしょう。1羽つぶすだけでも、毎日1キログラムの肉を1週間も食べられます。〉（前掲書）

　もちろん、7キロもの大きなガチョウに雑草だけ食べさせても育てることはできず、大量の飼料が必要になる。しかし、偉大なる金日成主席が、ガチョウを飼育せよと言うのであれば、それに従うほかない。結果、どうなるか。

配給されたガチョウを、お腹が空いたからといってすぐにつぶして食べるわけにはいかない。人々は我慢して雑草でガチョウを飼い、ガチョウは餓死することになる。

しかし、金日成に悪意はない。人民にお腹いっぱい肉汁を食べさせたい一心なのである。そこでガチョウの他、食肉としてウサギやヤギの飼育も推し進めようとした。さすがにウサギやヤギを雑草だけで飼育することはできないので、シロバナサクラタデなどの牧草を大々的に栽培しようと呼びかける。

〈現在、わが国の党のトウモロコシ畑の面積は約60万ヘクタールですが、50万ヘクタールに緑肥作物を栽培するだけでも大量の牧草を得ることができます。〉（前掲書）

トウモロコシの作付け面積を減らしてウサギやヤギ用の飼料を栽培したらどうなるか。北朝鮮の飢餓がますます深刻になるだけである。しかし、金日成の思いはさらに広がり、人民に豚肉を食べさせたいという願いを抱くに至る。

〈いずれは、農家当たりトウモロコシを２００キログラム提供して、１００キログラムの豚を2頭飼育させるようにすべきです。〉（前掲書）

豚は動物であり、動物の特徴として動き回る。動き回るので、当然日々カロリーを消費する。100キロのトウモロコシを提供したからといって、それが100キロの豚肉になることはない。当たり前のことである。

そもそも、トウモロコシの作付け面積を減らして牧草を栽培するのか、それとも豚の飼料のために増やすのか。朝令暮改のこのような指令に振り回される農民はたまったものではない。

しかし、何より優先すべきは、豚やウサギに食べさせる飼料の栽培ではなく、飢える国民の口に直接入る穀物の確保であろう。耕作地を豚やウサギの飼料栽培へと転用すればするほど、国民の食べるものが少なくなっていく。しかし、金日成にはその現実が見えていないのである。おそらく側近たちが「主食は十分にあります。十分な量の穀物を食べています」といった間違った情報しか金日成の耳に入れていなかったに違いない。

「無茶ぶり」でも求心力

金日成は、肉だけでなくデザートにフルーツを供給すべきだという構想も持っていた。錦繡山議事堂周辺の土手にブドウを植えさせて、収穫したものを託児所や幼稚園の子どもたちに送っているという。

〈平壌市にはあちこちに土手がありますが、そんなところにもブドウを植えることができるはずです。平壌市にブドウの木を500ヘクタールほど植える課題を与えましたが、いまだに実行されていません。苗木が不足するなら、錦繍山議事堂の周辺の土手からブドウの木の枝を切って挿し木にすべきです。〉（前掲書）

重油がなくて大型漁船が使えないのであれば、浅瀬で網を引け、ロープで昆布を育てよ、という大号令と同様、苗も肥料もないのに痩せた土手で挿し木からでもブドウを育てろというのは、まさに太平洋戦争中の日本政府の「足らん、足らんは、工夫が足らん」というスローガンと同様の匂いがする。

金日成は、まだ、人民の飢餓の深刻さを理解していないがゆえの荒唐無稽な構想であるが、兵站《へいたん》を軽んじて「精神力」と「現地調達」の方針で軽装備の兵士を戦場に送り込み、多くの餓死者を出した大本営の失策と、当時は多くの日本人が自らその求心力に身を投げ出していたことも忘れてはなるまい。

しかし、大本営であろうと北の将軍であろうと、足りないものは足りないのであって、工夫したところでないものがあるようにはならないのである。それを精神論や努力で煽られても、現実から乖離していくばかりだ。

しかし、そのような無茶ぶりのなかで求心力が生まれてくるのが、独裁者の独裁者たる所以である。

北朝鮮の人たちにとって死活的に重要なのは、どうやって必要最低限のカロリーを確保して生命を維持するかということであって、お腹の足しになるかどうかわからないブドウよりもまず、寒冷地に強いじゃがいもの栽培について考えるべきなのであるが、神に等しい金日成が、人民への愛ゆえに思いついた構想に、異を唱える存在がいなかったのが、北朝鮮人民の不幸だった。

〝建国の父〟という金看板

ところで、金日成はいかにして独裁者としての支配体制を盤石なものとしていったのだろうか。

2011年に国家主席となった金正恩は、自身の経験不足などのコンプレックスからか、就任当初は激昂しやすく「処刑してやろうか」といった暴言を吐いていたことなどが知られているが、金日成は決してそのようなあからさまな暴言を吐いたり暴挙を振るったりはしなかった。

もっとスマートに、しかし狡猾に支配体制を脅かしかねない存在を消していった。

「あまり厳しいことをするには及ばないよ」と言いながら、過度に忖度《そんたく》する親衛隊が目障りなライバルを率先して始末していくような道筋をつくるのである。

もしくは、追い払いたい人間には「現場でもっと勉強したいです」と自ら言わせるように仕向けて、地方に追放すればよい。その人物は、そう述べなければ投獄されてしまうとわかっているので、命を守るために「自発的」に金日成の意向に沿った発言をすることになる。

そうやってライバルの芽をスマートに摘み取っていくのが、金日成の処世術であった。あからさまな暴力や暴言で震え上がらせずとも、周囲が金日成の意向を忖度し、金日成の地位を盤石なものにしてくれるのだ。

なぜならば、金日成は建国の父であり、人民の心そのものだからだ。北朝鮮の人心を一つにまとめるのに不可欠な〝神〟なのである。

だから、たとえ民が飢えようとも、「トウモロコシの作付けを減らしてヤギやウサギの牧草を栽培すべし」という神の声を否定することは、誰にもできなかったのだ。

しかし、弾道ミサイルや核兵器の開発に邁進し、アメリカとのパワーゲームにのめり込む金正恩と比較すれば、金日成は、はるかに国民の日常生活に配慮する独裁者であったことも、また事実である。

本書は2021年5月に小社より刊行した
宝島新書『悪の処世術』を改訂し、文庫化したものです。

佐藤 優（さとう・まさる）
1960年、東京都生まれ。作家、元外務省主任分析官。85年、同志社大学大学院神学研究科修了後、外務省入省。在ロシア日本国大使館勤務などを経て、本省国際情報局分析第一課に勤務。主任分析官として対ロシア外交の分野で活躍した。2005年に著した『国家の罠　外務省のラスプーチンと呼ばれて』（新潮社）で毎日出版文化賞特別賞を受賞、06年の『自壊する帝国』（新潮社）で大宅壮一ノンフィクション賞、新潮ドキュメント賞を受賞。『獄中記』（岩波現代文庫）、『いま生きる「資本論」』（新潮文庫）、『宗教改革の物語』（角川ソフィア文庫）、『日米開戦の真実』（小学館文庫）など多数の著書がある。

写真：Imagestate/アフロ、ロイター /アフロ、Russian Presidential Press and Information Office/TASS/アフロ、Ullstein bild/アフロ、ANP Photo/アフロ ほか

装幀／ OKADESIGNOFFICE
本文DTP：一條麻耶子
編集：大友麻子

宝島SUGOI文庫

悪の処世術

(あくのしょせいじゅつ)

2023年11月15日　第1刷発行

著　者　佐藤 優

発行人　蓮見清一
発行所　株式会社 宝島社
〒102-8388　東京都千代田区一番町25番地
電話：営業 03(3234)4621 ／編集 03(3239)0646
https://tkj.jp
印刷・製本　株式会社広済堂ネクスト

乱丁・落丁本はお取り替えいたします。
本書の無断転載・複製を禁じます。
©Masaru Sato 2023

Printed in Japan
First published 2021 by Takarajimasha, Inc.
ISBN 978-4-299-04927-8